Für Wilma

ATTILA
BENCSIK

SPÜRE DIE KRAFT DEINER SEELE

Mit Phantasiereisen das Leben beflügeln

Gütersloher Verlagshaus

Bibliografische Information Der Deutschen Bibliothek
Die Deutsche Bibliothek verzeichnet diese Publikation in der Deutschen Nationalbibliografie; detaillierte bibliografische Daten sind im Internet unter http://dnb.ddb.de abrufbar.

ISBN 3-579-06925-X

Umschlaggestaltung: Hauptmann und Kampa Werbeagentur, München – Zürich
Umschlagfoto: © photonica/VEER
Satz: PER Medien+Marketing GmbH, Braunschweig
Druck und Bindung: GGP Media GmbH, Pößneck
Printed in Germany

www.gtvh.de

Inhalt

Neue Kraft schöpfen

Mitunter scheint das Leben mit riesigen Krakenarmen nach uns zu gieren. Wir fürchten, uns nie und nimmermehr aus ihnen befreien zu können. Noch mehr Verpflichtungen, noch mehr Anforderungen, noch mehr Termine! Wir schuften wie die Ameisen, wir hasten und jagen wie die Derwische, wir funktionieren mechanisch wie Roboter und – kommen doch nicht ans Ziel. Wir sind müde, erschöpft und traurig. Die Momente der Erholung und Sammlung sind selten geworden. Wir haben das Gefühl, am Ende zu sein, ausgelaugt und leer. Zu diesen Zeiten empfinden wir unser Dasein als bloße Tretmühle, als Alltagstrott, Routine, Gewohnheit, Hektik, Mühsal und Strapaze. Die Edelsteine unserer Seele: Sie funkeln nicht mehr. Angst stellt sich ein, noch immer nicht genügend zu leisten und sich selber letztlich ganz und gar aus den Augen zu verlieren. Das kann eine Zeit lang gut gehen, doch auf Dauer stellen wir uns immer häufiger die Fragen: Ist das das wahre Leben? Habe ich mir das so vorgestellt? Wozu bin ich eigentlich da? Was wäre ohne mich? Was fehlt mir? Was will ich wirklich?

Je mehr einer sich wirklich auf die Welt einlässt mit Haut und Haar, desto ungeschützter scheint er. Er wird Enttäuschungen, seelische Verletzungen, Trauer, Wut und Zorn wohl nicht vermeiden können. Der eine geht gestärkt aus einer Niederlage hervor, die andere zieht sich nach solchen Erfahrungen aus der Welt zurück, verstummt und meidet. Ein anderer trauert und beschließt nach dieser Lebensphase, ein neues Glück zu suchen und wagt sich wieder in das Leben. Er singt sein Lebenslied weiter, wenn auch so manches Mal in Moll. Nicht wenige fliehen in Depressionen oder ziehen hinter Psychosen den Vorhang des Lebens zu. Andere suchen und finden als Ausgleich zur harten Arbeitswelt und zu zwischenmenschlichen Positionskämpfen Action, Reize, Trallala.

Wir sind bestürzt, wenn wir in eine Zeit hineinzufallen glauben, wo wir einfach nicht mehr weiter wissen, wo wir ratlos sind und es Augenblicke gibt, wo wir dem Leben am liebsten »tschüss« sagen würden. Liebeskummer, krankmachende Zustände am Arbeitsplatz, eine Kündigung, ein Unfall, der Tod eines geliebten Menschen: Alles dies gehört zu einem kompletten Leben dazu. Alles dies kann uns ereilen, jederzeit und überall. Natürlich gibt es auch sie, die Glücklichen, die ohne die geringsten Blessuren davonkamen und immer haarscharf an einer Katastrophe vorbeischrammten. Natürlich gibt es auch diejenigen, die schon in viele Krisen gerieten, sich aber immer als die reinsten »Stehaufmännchen« erwiesen. Bei den meisten jedoch – dessen bin ich sicher – halten sich Glück und Unglück, Freude und Leid die Waage.

Es gibt aber auch Lebensabschnitte, wo wir unsere Energien in vielfacher Hinsicht selber verschleudern und verschenken. Wir kümmern uns oft um Dinge, die wir – bei Licht betrachtet – gar nicht verändern können, auf die wir keine Einwirkungsmöglichkeiten haben. Geradezu hingebungsvoll können wir uns mit Vergangenheit und Zukunft beschäftigen und verlieren dabei nur die Gegenwart aus den Augen. Wir verschleudern Kräfte, indem wir grübeln, vergangenen Ereignissen und Erlebnissen nachtrauern und eine pessimistische Weltsicht entwickeln. Frustrierende und aussichtslose Vorhaben rauben uns weitere Energien.

Egal, was wir tun, womit wir uns beschäftigen, worauf wir uns einlassen, immer gilt doch: Wir müssen uns an etwas Bestimmtes halten und unsere Kräfte nicht nach vielen Seiten hin zersplittern. So können wir unser Dasein geschmeidig halten. Das Einzige, was wir verpassen können, sind doch wir selbst und unser Leben! Wie können wir frischen Wind unter unsere Flügel bekommen, wenn uns die Welt »da draußen« so vieles abverlangt und an unseren Kräften zehrt? Wir müssen von innen her gut abgefedert sein, damit wir hinter dem sattsam Bekannten, den müden Routinen und der Nerven aufreibenden Hektik unseres Daseins immer auch Unbekanntes und Unvertrautes, Frisches und Unverbrauchtes zu erkennen vermögen. Ziehen wir die dicken schweren Vorhänge, die mitunter um unsere Seele gehüllt sind, zurück, erhalten wir Einblicke in die Geheimnisse und Wunder unserer Innenwelt. Damit ist die Kunstfertigkeit gemeint, in unsere vitale, von Geburt an höchst lebendige Mitte, in unsere Seelenwelt, hineinzufinden.

Denn eigentlich verfügen die meisten unter uns über unglaublich viel Energie. Wie viel Kraft ein Mensch in sich birgt, zeigt sich vor allem immer dann, wenn er in seinem Leben etwas findet, wofür es sich lohnt, Einsatz zu zeigen. Wollen wir unbedingt etwas erreichen, können wir ungeahnte Kräfte entwickeln. Über diese Kraftressourcen verfügt eigentlich jeder Mensch, auch dann, wenn er sich zu den Armen im Lande zählt, und auch dann, wenn er diese Ressourcen gegenwärtig kaum benennen kann. In jedem Leben lassen sich viele Kraftquellen finden, die Geist, Körper und Seele wieder in Fluss bringen. Nur zeigen sich diese (leider) nicht immer offen, sondern liegen eher verhalten, Goldadern hinter schwerem Stein vergleichbar, unter unserer Bewusstseinsschwelle. Dennoch wissen wir insgeheim, dass sie da sind und zu uns gehören.

Unsere Seele ist die größte aller denkbaren Kraftquellen. Sie drückt sich in inneren Bildern aus. Die »Sprache« der Seele ist die Phantasie. Diese ist sowohl der Resonanzboden für alles Erleben als auch der Antreiber, der innere Motor für Handlungen. Nur durch Handlungen können Sie die Welt um sich herum, können Sie sich selbst verwandeln, verändern. Und wer möchte sich nicht verändern und wer möchte sich nicht innen ein wenig verwandeln lassen, gerade dann, wenn sich viele Dinge der äußeren Welt unserem direkten Zugriff entziehen?

Die gute Botschaft dieses Buches ist: Sie können selbst aktiven Einfluss darauf nehmen, neue Kraft zu schöpfen. Lassen Sie sich von der »Weisheit« Ihres Unbewussten leiten. Immer wieder möchte ich Sie dazu ermuntern, nach innen zu schauen und sich auf eine freundliche und gewährende Art auf die faszinierenden Vorgänge einzulassen, die sich zu jeder Zeit in Ihrem Innenreich, der Gesamtheit Ihres Körpers, Ihres Geistes und Ihrer Seele ereignen, gerade dann, wenn Sie gar nicht daran denken.

Lassen Sie sich wirklich darauf ein, kann vielleicht der Regenbogen, die faszinierende Schönheit und Farbigkeit, mit der Sie Ihre innere Welt erleben können, irgendwann einmal die Brücke schlagen zu dem Regenbogen der äußeren Welt. Das wünsche ich Ihnen!

Im »Praxisteil« dieses Buches möchte ich Sie auf dem inneren Weg, neue Energie zu schöpfen, zunächst mit verschiedenen »*Orten der Kraft und inneren Sammlung*« bekannt machen. Dort können Sie im wahrsten Sinne des Wortes »auftanken«. Es folgt der Eintritt in Ihren »*Lebensgarten*«, wo ich Sie dazu ermuntern werde, »*Schatzbeete*« anzulegen. Im letzten Teil des Buches möchte ich Sie mit meinen Worten auf einem guten Weg der »*Herzensbildung*« berühren und begleiten. Ich wünsche Ihnen, Sie mögen dort Anregungen finden, liebevoll mit sich selber und anderen Menschen umzugehen. Denn: Ist nicht Herzensbildung eine der stärksten Kraftquellen in einem Leben?

Doch zunächst möchte ich Ihnen die Phantasie, die Perle unsere Seele, näher bringen.

Die Phantasie – Perle unserer Seele

»Die Vorstellungskraft ist der Anfang der Schöpfung. Man stellt sich vor, was man will, man will, was man sich vorstellt, und am Ende erschafft man sich, was man will« (G. B. Shaw). Phantasien, innere Bilder sind die ständigen Begleiter Ihres Lebens. Auch wenn Sie meinen, Sie denken, werden Sie bei näherer Prüfung feststellen, dass dies überwiegend in Bildern geschieht. Wenn Sie sprechen, werden Sie feststellen, wie oft Sie sich einer Bildersprache bedienen. Hören Sie einem anderen Menschen zu, wird Ihnen sicher auffallen, wie dieser Ihnen einen Sachverhalt erklären will und ihm dies am besten durch die Benutzung eines Bildes gelingt. Dringt ein bestimmter Geruch in Ihr Bewusstsein (vielleicht der von Bratäpfeln und Tannennadeln), stellt sich da in Ihnen nicht oft ein Bild aus Ihrer Kinderzeit ein? Vielen Menschen geht es so. Sie spüren: Wir leben in Bildern. Innere Bilder sind immer und überall dabei. Wir tragen sie mit, an jeden Ort, an dem wir ankommen, zu jeder Zeit, in der wir uns befinden. Gehen wir mit unserer Phantasie in die Vergangenheit, so stellen sich mit Sicherheit genauso zuverlässig innere Bilder ein, als wenn wir in die Zukunft schauen. Nur in der Gegenwart gucken wir lediglich mit unseren äußeren Augen in die Welt. Doch gibt es diese Gegenwart eigentlich, da uns jetzt ja schon wieder die Vergangenheit eingeholt hat? Innere Bilder sind also auch Zeitbrücken zwischen Vergangenheit und Zukunft. Erlebnisse früherer Zeiten verblassen in der Gegenwart und werden neu belebt und umgedeutet durch Nacht- und Wachträume. So wirkt die Phantasie für uns Menschen auch als Schutzfunktion. Wir können schlimme Erlebnisse der Vergangenheit besser ertragen, wenn wir sie uns in Ruhe noch einmal vor Augen führen. Die Vergangenheit wird so durch die Erinnerung verklärt.

Manche Menschen gehen sogar so weit, sich zu fragen, was denn nun eigentlich die Realität sei, die Außenwelt, die wir durch unsere fünf Sinne erfahren, oder doch die Welt der Träume und Phantasien, die wir durch unser inneres Auge erblicken. Eine alte chinesische Weisheit spricht so zu uns: »Ich wusste nicht, ob ich Chi Lai war, der geträumt hatte, ein Schmetterling zu sein, oder ob ich ein Schmetterling war, der träumte, er wäre Chi Lai.« Jedenfalls bestimmt auch die Art und Weise, wie wir mit unserer Phantasie umgehen, ob wir zuversichtlich oder ängstlich auf ein bestimmtes Ereignis reagieren. Sie kann uns blockieren und handlungsunfähig machen. Sie kann unser Leben beflügeln, genuss- und erlebnisreich machen.

Kant drückte die Doppelbödigkeit der Auswirkung von Phantasieprozessen auf den Menschen folgendermaßen aus: »Phantasie ist unser guter Genius oder unser Dämon.« Dem Künstler sind sie das tägliche Brot. Ohne die Phantasie wird unter seinen Händen nichts entstehen können. Der Wissenschaftler erfährt durch ein Traumbild die Lösung seines Problems, über das er jahrelang gebrütet hat. Der Theologe legt den

Bibeltext durch Bilder aus. Der Archäologe macht sich auf der Grundlage nur weniger Funde ein Bild vom Ganzen. »Phantasie kann mehr bewirken als alle Macht und Wissenschaft«, so sagte es Aristoteles. »Was wäre der Mensch ohne Phantasie? Nichts«, meint Lichtenberg.

Durch den Gebrauch der Phantasie kann es gelingen, lange verborgenes und doch vorhandenes Wissen zu nutzen und sich selbst zu helfen. Denn der Wissenschaftler, dem auf einmal die Lösung seines Problems im Traum einfiel, trug dessen Lösung natürlich längst in sich. Er hatte nur noch nicht den richtigen Schlüssel dazu gefunden. Sein Unbewusstes arbeitete lange im Verborgenen daran. Als die rechte Zeit gekommen war, drückte sein Unbewusstes die Lösung symbolisch und damit in einem inneren Bild aus. Im Sprachgebrauch nennt man einen solchen Vorgang Intuition. Intuitive Prozesse geschehen übrigens häufig, wenn man dem Unbewussten keinen Druck auferlegt. Einstein sagte dazu: »Phantasie ist wichtiger als alles Wissen.« Damit meint er wahrscheinlich, dass das Phantasieren ein schöpferischer Akt ist. Es ist die treibende Kraft, eigene Ziele zu entwickeln, neue Perspektiven für unser Leben zu entwerfen und ein gesundes Selbstwertgefühl für sich zu empfinden. Es hilft Ihnen dabei, in Ihrem Leben neue, bisher ungeahnte Wege zu beschreiten. Das sind in der Phantasie zumeist nicht die Autobahnen und ausgetretenen Wege, sondern eher unbeachtete verschlungene Pfade mit Sackgassen und Hindernissen.

Sie können in Ihrer Phantasie alles beliebig häufig durchspielen, was in Ihrem realen Leben noch nicht dafür angelegt ist, Realität zu werden. Dabei ist die Phantasie eine Macht, die Ihnen immer und an jedem Ort und ganz kostenlos zur Verfügung steht. Anstatt nur auf Ereignisse zu reagieren, können Sie durch Ihre Phantasie neue Erfahrungen schaffen.

Der Glaube an sie kann buchstäblich Berge versetzen. Wenn ich mich in meinem Bekanntenkreis umschaue, könnte ich meinen, einerseits ausgesprochene Glückspilze vorzufinden, Menschen, denen fast alles zu gelingen scheint, was sie in Angriff nehmen.

Im Gegensatz dazu kenne ich Menschen, denen geradezu das Pech an den Händen klebt. Ich glaube eher, dass hier nicht ein blindes Schicksal waltet, sondern auch die Art und das Ausmaß ihrer Phantasietätigkeit Menschen dazu verhilft, zu gewinnen oder aber zu scheitern. Die Glücklichen haben nicht nur das Schloss, sondern auch den passenden Schlüssel gefunden, durch den sie Einlass finden.

Dieses Buch möchte Ihnen Wege aufzeigen, wie Sie Ihre Phantasie zur Erhaltung oder Wiederherstellung Ihrer körperlichen und geistigen Kräf-

te einsetzen können. Denn Sie können in Ihrer Phantasie sehr viel mehr sehen als in der »Zwei-Augen-Wirklichkeit«.
Sie können durch dicke Mauern hindurchschauen. Sie können sich wie Alice im Wunderland beliebig oft wachsen und schrumpfen sehen. Sie können mit längst verstorbenen Menschen sprechen, wenn Sie sie vor Ihren geistigen Augen buchstäblich auferstehen lassen. Sie können sich in Ihrer Phantasie eigentlich alles erleben lassen, vorausgesetzt, Sie geben sich die Erlaubnis dazu. Phantasien sind nie bestraft worden. Alles ist in der Phantasie erlaubt. Nichts ist verboten, vorausgesetzt, Sie selber setzen sich keine Verbote.

Innenbilder bilden das Gerüst, die Struktur der Psyche. Sie sind so etwas wie die Heimatsprache der Seele. Aus der Phantasie heraus erwächst die Welt und die Welt spiegelt sich in den inneren Bildern. Ihre inneren Begleiter sind die Gefühle, die sich in Bildern ausdrücken. Gefühle erst geben eine Richtung vor. Alles dies zusammengenommen lässt uns handeln oder Handlungen verhindern.

Durch unsere Phantasie kann nicht zuletzt auch Frieden in uns einkehren, weil sie eine Brücke bildet zwischen der Welt, in der wir leben, und der Welt, die in uns lebt.

Sie stiftet Einheit zwischen widerstrebenden Anteilen in uns und kann uns innerlich umso mehr bereichern und beschenken, wenn wir an äußerlichen Mängeln leiden. So sorgt sie für Frieden, Ausgleich und Bindung zum Leben. Denn: »Ohne inneren Frieden ist kein Frieden in der Welt möglich« (Dalai-Lama).

Vom Reisen in der Phantasie

Reisen in der Phantasie sind Reisen in Ihre Innenwelt. Sie bauen innere Landschaften auf und erforschen sie. Diese Art des Reisens unterscheidet sich im Grunde kaum von der Erkundung einer äußeren Landschaft. Die Unterschiede liegen in der Aufhebung von Zeit und Raum in der Phantasie. Dort haben Sie mehr als zwei Augen. Der Blickwinkel ist ein anderer. Sie können mehr und anderes erkennen. Sie können sogar hinter sich schauen, da Sie in Ihrer Phantasie über eine 360 Grad Perspektive verfügen. Auch die Zeit werden Sie anders erleben als sonst. Es ist fast so, als ob die Zeit in sich selbst ruht und sich dabei aufhebt. Sie wird langsamer.

Das liegt auch darin begründet, dass das Reisen in der Phantasie eine Reise zu Fuß ist, während wir, in unserer Außenwelt, mittlerweile daran gewöhnt sind, die Landschaft durch ein Auto vorüberfliegen zu sehen und dadurch keinen Haltepunkt mehr für unsere Augen haben. Im Flugzeug haben wir dann gar keinen Sinn mehr für Geschwindigkeit. Unsere seelische Verarbeitungskapazität ist einfach auf Fußreisen angelegt. Ist dieses Reisen auf den eigenen Füßen nicht die natürlichste Art, sich in der Welt zu bewegen? Sind die Menschen nicht jahrtausendelang auf ihren zwei Beinen auch dorthin gekommen, wo sie hin wollten? Natürlich: Pferd, Esel und Kamel haben uns immer schon getragen. Auch das Fahrrad kann als natürliche Fortbewegungsart angesehen werden, da wir es durch unsere eigene Muskelkraft vorwärts bewegen. In der Phantasie will die äußere und die innere Landschaft jedenfalls zu Fuß begangen werden. In dieser Art zu reisen können wir ganz bequem nach links, nach rechts, nach oben und unten, nach hinten und nach vorne schauen und spüren, wie sich die Landschaft um uns herum mit jedem Schritt ein wenig verändert. Wir können Pausen und Bekanntschaften machen, uns erholen und neue Erfahrungen erleben, wobei die Haltepunkte fast noch wichtiger sind als die Worte, von denen Sie sich später bitte berühren lassen.

Selbst ein weiter Weg fängt ja bekanntlich mit dem ersten Schritt an. Der erste Schritt besteht darin, Schwellen zu überschreiten. Die erste Schwelle besteht darin, sich zu erlauben, die Augen zu schließen (die meisten Menschen können mit geschlossenen Augen besser phantasieren, es ist jedoch auch ohne Augenlidschluss möglich) und sich so auf die inneren Bilder einzulassen. Ist dieser erste Schritt getan, können weitere folgen.

Die nächste Schwelle besteht in Ihrer Bereitschaft, sich auf Ihre innere Bildwelt einzulassen. Es kann sein, dass unbewusste Ängste Sie daran hindern, sich auch wirklich auf ein inneres Bild zu konzentrieren, nämlich es in aller Ruhe und Beschaulichkeit auf sich einwirken zu lassen. Bei einer verspannten Körperhaltung wird dies nur schwerlich möglich sein. Daher bitte ich Sie darum, sich zunächst auf eine Art und Weise zu entspannen, mit der Sie gute Erfahrungen gemacht haben. Doch auch dann kann es sein, dass sich nur flüchtige, vage Farben oder Bilder einstellen. Manche Menschen sehen zunächst nur Schwärze vor ihren Augen.

Auch dies ist eine besondere Form des Widerstands, der Ihnen zunächst nur eingeschränkt ermöglicht, Ihrer inneren Bildwelt zu begegnen.

Ich möchte Sie darum bitten, diesen Widerstand nicht »brechen« zu wollen. Das hilft nicht weiter. Sie tun besser daran, sich zunächst einmal angenehme Erlebnisse der Vergangenheit vor Augen zu führen, so, wie Sie vielleicht gerne schon mal Fotos aus dem letzten Urlaub betrachten.

Mit der Zeit vermischen sich diese Bilder der Erinnerung mit neuen Bildern, die tieferen seelischen Schichten entspringen.

Wenn Sie sich dann irgendwann als ganze Person im Bild erleben, dort sehen, fühlen, hören, riechen, schmecken können, haben Sie die letzte Schwelle überschritten. Sie sind dann endlich angekommen in Ihrem Bilderraum und können dort, auf hoffentlich sehr angenehme Art, Reisen in Ihrer Phantasie unternehmen.

Diese Art, innere Bilder zu erleben, nennt man: Imaginieren. Der wesentlichste Unterschied zwischen Phantasie und Imagination besteht darin, dass der Träumer in einer Phantasie ein bestimmtes Objekt, beispielsweise einen Meeresstrand sieht, der Imaginierende sich selbst als Handelnder am Strand mit allen seinen Sinnen erlebt. Beide Formen sind jedoch nicht immer deutlich zu unterscheiden. Phantasie und Imagination vermischen sich oftmals. Man kann jedoch davon ausgehen, dass innere Bilder, die von starken Gefühlszuständen begleitet werden, in der Regel Imaginationen sind. Erst durch diese inneren Handlungen können sich die Bilder wandeln. Erst diese Wandlung bewirkt, dass die Bilder Veränderungen nach sich ziehen können. Sie machen die Seele und damit gleichzeitig Körper und Geist sozusagen »flüssig«. Vor allem diese inneren Bilder sind es, die in uns einen Veränderungsprozess in vielfacher Hinsicht auslösen können.

Eine weitere Spielart besteht darin, sich mit inneren Bildern zu identifizieren. Die Kunst besteht darin, sich in andere Menschen, aber auch in Situationen und Orte einzufühlen. Dies gelingt, indem man sich mit dem Objekt der Betrachtung gleich setzt. Dabei sehen Sie beispielsweise nicht nur einen Berg, Sie *sind* der Berg. Sie hören nicht nur das Rauschen eines Baches, sondern Sie *werden* zum Bach. So können »Körper, Seele und Geist« einer Landschaft mit dem Körper, der Seele und dem Geist des Menschen miteinander kommunizieren, da sie miteinander verwandt und verbunden sind. Das bedeutet, wenn Sie Ihre Erlebnisse *sind*, sind Sie gleichzeitig die Welt, die Sie so und nicht anders erleben. Sie haben nicht den Sinneseindruck von einer Kapelle, Sie *sind* der Sinneseindruck von einer Kapelle. Sie haben nicht den Eindruck von einem Baum, Sie *sind* der Eindruck von einem Baum. Sie hören nicht das Pfeifen eines Windes, Sie *sind* der Wind. Manchen Menschen fällt es sehr schwer, solche Indentifikations-Imaginationen zu erleben, manchen gelingt es ohne Mühe auf Anhieb.

Sie können die Innenräume Ihres Körpers ähnlich erleben wie die vielfältigen Landschaften der Seele und des Geistes. Denn Körper, Seele und Geist sind eins, unentflechtbar und untrennbar miteinander und ineinander verbunden und verwoben. Daher ist eine Reise durch den Körper immer auch eine Reise in die Seele und eine Reise in die Seele auch immer eine Reise durch die äußere, Sie umgebende Welt. Alles dies ist immer eins. Alles dies ist natürlich nichts anderes als Sie ganz persönlich.

Nichts anderes als unsere Phantasie überwindet solche sonst unüberwindlichen Grenzen von Raum und Zeit. Allein schon deshalb ist sie für uns Menschen unentbehrlich, unverzichtbar, wenn wir auf Veränderungen aus sind und uns selbst ein wenig näher kommen wollen.

Symbolisch gesehen bedeutet das Reisen in der Phantasie einen Übergang von einer Lebensstufe zur nächsten. Vielleicht kennen Sie Mythen und Sagen, wo ein Held eine Reise antritt, auf ihr verschiedene Mutproben und Gefahren besteht, dafür reich belohnt und beschenkt wird und als ein anderer, durch den Aufenthalt in der Fremde geläutert und verwandelt, nach Hause zurückkehrt. »Die Reisen des Odysseus« können als Paradebeispiel dafür dienen.

So betrachtet, kann das ganze Leben als eine einzige Irrfahrt und Suche angesehen werden.

- *Wer bin ich? Was fehlt mir?*
- *Was will ich eigentlich auf dieser Erde?*
- *Was macht Sinn?*
- *Worin besteht meine Aufgabe?*
- *Wozu bin ich geboren worden?*
- *Warum muss ich sterben?*
- *Warum hat ausgerechnet mich diese schwere Krankheit befallen und nicht einen anderen Menschen?*
- *Worin besteht ihr Sinn?*
- *Auf welche Art und Weise kann ich ihn suchen und finden?*

Alles dies sind Fragen, die sich viele Menschen oftmals stellen. Manche finden passende Antworten, manche nicht, ihr Leben lang. Phantasiereisen sind eine hervorragende Möglichkeit, sich diesen Lebensfragen auf eine behutsame Art und Weise zu nähern.

Innere Bilder entstammen wahrscheinlich, wie oben bereits beschrieben wurde, unserer rechten »weiblichen« Gehirnhälfte und können somit als eine natürliche Ergänzung oder auch Korrektur zur rationalen linken »männlichen« Gehirnhälfte angesehen werden. Sie führen uns viel tiefer, als dies Worte vermögen, an unsere Gefühle heran. Außerdem lassen sie uns einen Schritt zurücktreten in das Kind in uns, in das Naive, in die Welt der Märchen.

Die meisten Menschen erleben Phantasiereisen als einen großen Schritt, als eine Brücke in die Vergangenheit. Sie fühlen sich jünger, als sie jetzt sind.

Darin liegt aber auch eine Gefahr. Sind Sie als Kind beschützt und liebevoll aufgewachsen, werden Sie mit Ihrer Phantasie gerne wieder in Ihrer Kindheit und Jugend ankommen und Sie mit Freude begrüßen. Erlebten Sie Ihre Kindheit, Ihre damaligen Bezugspersonen jedoch als kalt und die Welt um Sie herum als sorgenvoll und ohne Heimat, können diese »alten« Bilder und Gefühle wieder in Ihnen aufsteigen und Sie ergreifen. Das kann zu neuem Kummer, Ängsten und körperlichen Missempfindungen führen. Sie sollten in diesem Fall – jedenfalls zunächst – Abstand nehmen oder aber diese Phantasiereisen nur mit psychotherapeutischer Begleitung unternehmen.

Um eines möchte ich Sie noch bitten: Betrachten Sie diese besonderen Reisen nicht als Aufenthalte in schönen Welten, in denen Milch und Honig fließen. Sie sind nicht dazu angelegt, die Welt zu flüchten, weil diese nicht so ist, wie wir es wohl gerne hätten und wie wir uns sie in unserer Phantasie ausmalen können. Es sind Erkundungen unbekannter seelischer Landschaften, in denen Sie Erfahrungen machen, die Sie in Ihrem Alltag sinnvoll einsetzen können. Durch das Phantasieren allein ist noch nichts bewirkt, noch nichts geschehen. Es ist die Vorstufe von Handlungen, denn nur Handlungen verändern letztlich Ihre innere und äußere Realität.

Vom Umgang mit inneren Bildern

Wie gesagt, ein Phantasieren, für sich allein genommen, bewirkt noch nichts. Es kann nur der erste Schritt dazu sein, neue Kräfte zu mobilisieren. Ein nächster Schritt liegt in der Bearbeitung innerer Bilder. Was ist damit gemeint?

In meiner psychotherapeutischen Praxis bitte ich meine ÜbungspartnerInnen darum, die Bilder ihres Wachtraums zu beschreiben. In diesem Falle bin ich der Begleiter, gewissermaßen der Hüter ihrer Bilder. Ich bin so in der Lage, die assoziative Kette der beschriebenen Phantasiebilder – nach bestimmten Gesetzmäßigkeiten, auf die ich hier nicht näher eingehen kann – zu begleiten, zu lenken, zu regulieren, damit die erlebte Geschichte auch zu einem guten Ende führt. Außerdem habe ich die Möglichkeit, mit meinen ÜbungspartnerInnen nach der Beendigung des Wachtraums über die erlebten Bilder ein Gespräch zu führen.

Das kann ich in diesem Falle nicht. Sie sind mit dem Buch und Ihren Bildern allein.

Deswegen möchte ich Ihnen vorschlagen, sich jede Phantasiereise laut vorzulesen oder sich vorlesen zu lassen, wobei Sie bitte darauf achten mögen, genügend Pausen (**im Text durch Fettdruck gekennzeichnet**) einzulegen.

Das Laut-Vorlesen birgt mehrere Vorteile. Sie können so den Text nicht nur lesen, sondern auch hören. Das fördert das Behalten, weil dadurch mehr als nur ein Sinneskanal angesprochen wird.

Ein weiterer Vorteil ist darin zu sehen, dass Ihre innere Aufmerksamkeit sich so intensiver auf den Text konzentriert. Sie werden weniger durch Ereignisse Ihrer Umwelt abgelenkt, weil Sie ja nicht nur auf Ihre Augen, sondern auch auf Ihre Ohren und Lippen achten müssen. Außerdem erinnert diese Art des Lesens an kindliche Momente des »Vorgelesen-« oder »Geschichten-Erzählt-Bekommens« durch erwachsene Menschen. Das wiederum wird dem Märchencharakter einzelner Phantasiereisen gerechter als das bloße Lesen mit den Augen.

Auch halte ich es für wichtig, vor allem dann, wenn Sie durch ein inneres Bild tief ergriffen sein sollten, mit einem Menschen Ihres Vertrauens darüber zu sprechen, ihm seine Inhalte zu offenbaren. Das schafft Erleichterung und hilft weiter. Was schon einmal ausgesprochen ist, fällt zudem weniger dem Vergessen anheim.

Innere Bilder wirken nach, auch im Wachbewusstsein. Eine Bilderfolge ist nach ihrer Beendigung, nach dem Öffnen der Augenlider, seelisch noch nicht abgeschlossen. Sie hat nur vorläufig ein Ende gefunden und kann ein Eigenleben führen, das Sie bis weit in den Alltag und bis in Ihre Träume angenehm begleiten kann. Im negativen Fall könnte es Ihnen allerdings schwerfallen, sich von diesen angstbesetzten Phantasien zu lösen.

Außerdem bitte ich meine ÜbungspartnerInnen darum, ein besonders intensiv erlebtes inneres Bild auf unterschiedliche Weise nachzuerleben und auszugestalten. Sie können beispielsweise ein besonders intensiv erlebtes inneres Bild:

- *malen,*
- *zeichnen,*
- *in Ton modellieren,*
- *es tanzen,*
- *eine Geschichte dazu schreiben.*

Ich möchte Ihnen vorschlagen, auch diese Anregungen aufzugreifen und ein besonders tief erlebtes und damit wertvolles Bild auf Ihre Weise »festzuhalten«, damit es nicht verloren geht und neue Bewegung, neue Lösung schafft.

Weiterhin bitte ich meine ÜbungspartnerInnen darum, im Wachtraum etwas zurückzulassen, es zu tauschen oder zu verschenken und dafür etwas anderes in den Alltag mitzubringen. Es geht hier um einen Austausch zwischen Geben und Nehmen, zwischen Loslassen und Festhalten.

Das ist im Märchen so wie im »richtigen Leben«. Das Erhaltene, was auch immer es sein mag, kann dann gut bei Ihnen aufbewahrt und vielleicht auf Ihrem Lebensweg als Talisman oder als ein Symbol von Ihnen mitgenommen werden.

Als Letztes bitte ich meine ÜbungspartnerInnen – nach der Beendigung des Wachtraums – darum, auf ihre Träume zu achten, vielleicht sogar ein »Traumtagebuch« zu führen. Traumbilder, auch wenn Sie nur Fetzen davon erinnern können, sind mehr oder minder verschlüsselte Botschaften unseres Unbewussten, die uns an etwas erinnern, die uns auf etwas aufmerksam machen möchten, was wir im gleichförmigen Strom des Lebens oft aus den Augen verlieren. In der hebräischen Sprache ist das Wort »träumen« bedeutungsgleich mit »stark werden«. Mit etwas Übung können Sie sogar einen bedeutsamen Teil Ihres Nachttraums im Wachtraum zu Ende träumen, wie Sie später in der Phantasie »*Traumreise*« erfahren können.

Der große Vorteil dabei ist, dass Sie im Wachtraum wissen, dass Sie träumen und in die Traumbilder aktiv eingreifen können, wenn Angst und seelische Erschütterungen den Nachttraum zu einem Albtraum werden lassen. Im Wachtraum können Sie jederzeit wieder die Augen öffnen und sich sehen lassen: Es ist ja nicht die Realität. Es ist doch nur ein Traum.

In den Reisen möchte ich Ihnen gerne ein »Du« anbieten, auch wenn wir uns persönlich nicht kennen. Das ist keineswegs respektlos gemeint und soll auch keine kumpelhafte Atmosphäre schaffen. Ich halte diese Form der Anrede bei der vorliegenden Art der Aufmerksamkeitslenkung (nämlich bei geschlossenen Augen) jedoch für angemessener als die Anrede »Sie«. Ich verstehe mich zu dieser Zeit als Ihr Übungspartner, Ihr Begleiter.

Sich entspannen

Durch unseren Körper sind wir mit der Welt verbunden. Er ist das Medium, uns zu spüren, uns auszudrücken und uns lebendig zu fühlen.

Bei dem Erleben von Phantasiereisen wird unsere Aufmerksamkeit vorübergehend verändert. Körperliche Funktionen werden reduziert, psychische und geistige Funktionen dagegen reger und lebendiger wahrgenommen. In einem entspannten Zustand fällt es den meisten Menschen leichter, innere Bilder aus dem Unbewussten aufsteigen und der Phantasie freien Raum zu lassen. Auf diese Weise können innere Bilder erst so richtig fließen.

Da wir nun einmal alle verschieden sind, reagiert jeder Mensch ganz unterschiedlich auf Angebote, Spannung zu reduzieren.

Auf Seite 19 ff. finden Sie ein Angebot, Körper, Geist und Seele in kurzer Zeit zu entspannen. Probieren Sie dieses Angebot doch einfach aus. Falls Sie eine deutliche – nämlich positive – Veränderung in sich spüren sollten, gleich, wie diese im Einzelnen aussehen mag, üben Sie diese Entspannungsform für sich ein, so, dass Sie sie immer anwenden können, wo auch immer Sie sich befinden mögen. Entspannung sollte, meines Erachtens, nie Selbstzweck sein, sondern möglichst jederzeit und überall in Ihrem Alltag »abgerufen« werden können. Die jeweils eingeübte Form, sich zu entspannen, können Sie dann auch – im Geiste – als Vorspann vor die Phantasiereisen setzen, die ich Ihnen nachfolgend vorschlagen werde.

Das Zeichen •, das Sie in den Texten finden, steht allgemein für eine Pause und soll die jeweilige Situation oder die gestellte Frage verdeutlichen und intensivieren. Es lädt dazu ein, einen Ruhepunkt zu finden.

Ansonsten benötigen Sie nur einen gemütlichen Sessel, eine Liege oder ein Bett, ein ruhiges, etwas abgedunkeltes Zimmer und – natürlich – Neugier, Zeit und Ihre innere Aufmerksamkeit.

Entspannungsübung: »Inneres Fragen«

Ich möchte Ihnen nun eine Reihe von Fragen stellen. Obwohl Sie jede Frage entweder mit »Ja« oder mit »Nein« beantworten können, ist es aber gar nicht nötig, dass Sie dies »Ja« oder »Nein« aussprechen oder auch nur in Gedanken bejahen oder verneinen. Ihre eigene Reaktion stellt bereits die Antwort auf die Frage dar. Dabei ist es völlig unwichtig, wie Sie reagieren. Es ist immer richtig so, was immer auch geschieht oder eben nicht geschieht. Geben Sie also einfach auf jede Frage die Antwort in Form Ihrer eigenen Reaktion. Machen Sie bitte nach jeder Frage 5–10 Sekunden Pause, um sich die Frage so richtig zu vergegenwärtigen.

- *Können Sie nun Ihre Augen schließen?*
- *Wenn Ihre Augen noch geöffnet sind, dann schließen Sie sie bitte jetzt.*
- *Gelingt es Ihnen, bei allen weiteren Fragen, die Augen geschlossen zu halten?*
- *Können Sie irgendwo in Ihrem Körper ein warmes Gefühl spüren?*
- *Können Sie den Boden unter Ihren Füßen spüren oder liegt Ihr Körper auf einer Unterlage?*
- *Können Sie sich die Entfernung zwischen Ihren Füßen vorstellen?*
- *Können Sie sich Ihr Mundinneres bewusst machen?*
- *Können Sie auch den leisesten Hauch gegen Ihre Wange spüren?*
- *Können Sie spüren, wie die Spannung nachlässt?*
- *Können Sie in Ihre Hände hineinspüren?*
- *Können Sie sich den Zwischenraum zwischen Ihren Ohren vorstellen?*
- *Können Sie sich Ihren Ringfinger bewusst machen?*
- *Können Sie sich die Entfernung zwischen Scheitel und Kinn vorstellen?*
- *Können Sie spüren, wie Ihr Gesicht ganz weich wird?*

Und nun stellen Sie bitte das erste Bild der jeweiligen Phantasiereise ein:

Falls Sie diese Entspannungsübung unternehmen, ohne anschließend eine Phantasiereise erleben zu wollen, machen Sie bitte noch weiter:

- *Können Sie jetzt wieder Ihre Augen öffnen?*
- *Wenn Sie Ihre Augen noch nicht geöffnet haben sollten, dann öffnen Sie sie bitte jetzt.*

Wieder ankommen

Es ist wichtig, wieder mit guten Gefühlen in Ihrem Raum anzukommen, wenn Sie die jeweilige Phantasiereise beenden möchten. Dazu finden Sie nach dem Text jeder der 33 Phantasiereisen folgendes Zeichen: . Es soll eine am Strand auslaufende Welle symbolisieren. Sie können auch zu sich selber sagen: »Die Phantasiereise ist zu Ende«, einen Schlussstrich ziehen oder einen Vorhang über die Bildgeschichte ziehen. Alles, was zu Ihnen passen will, ist richtig.

Um wieder gut in Ihrem Wachbewusstsein anzukommen, mache ich Ihnen einige Vorschläge:

- *Verabschieden Sie sich bitte erst dann von Ihrem letzten inneren Bild, wenn Sie sich in diesem überwiegend gut anfühlen.*
- *Atmen Sie – ganz bewusst – einige Male tief ein und aus.*
- *Spüren Sie den Boden unter Ihren Füßen, falls Sie sitzen, oder die Unterlage unter Ihrem Körper, falls Sie liegen sollten.*
- *Recken Sie Ihre Arme bitte mehrfach.*
- *Reiben Sie Ihre Augenlider, bevor Sie sie wieder öffnen.*
- *Orientieren Sie sich wieder in Ihrem Raum. Nehmen Sie seinen Geruch und seine besondere Atmosphäre wahr.*
- *Bearbeiten Sie bitte Ihre inneren Bilder oder eines davon nach der Art und Weise, wie ich es Ihnen in dem Kapitel »Vom Umgang mit inneren Bildern« vorgeschlagen habe.*
- *Gönnen Sie sich abschließend etwas »Gutes«, was immer dies auch sein mag.*

WICHTIG

Ich möchte Sie noch einmal darauf aufmerksam machen, dass sich innere Bilder sowohl in positiver als auch in negativer Hinsicht auf Ihren Alltag auswirken können. Haben Sie sich von einem bestimmten inneren Bild noch nicht wirklich gelöst, kann es unter Umständen für längere Zeit eine Art Eigenleben in Ihnen führen und Sie dadurch von Ihrem gegenwärtigen Tun und Handeln ablenken.

Sorgen Sie bitte dafür, dass Sie nach dem Erleben einer Phantasiereise einen zeitlichen Abstand von mindestens einer Viertelstunde einlegen, bevor Sie zum Beispiel wieder Auto fahren oder überhaupt eine Tätigkeit beginnen, die Ihnen volle Konzentration abverlangt.

Bitte machen Sie sich noch einmal klar: Sie können nichts falsch machen. Alles, was Sie aus den Tiefen Ihres Unbewussten erreichen will, ist auf irgendeine Art gut für Sie, auch, wenn Ihnen dies zunächst nicht so erscheinen sollte.

Ich wünsche Ihnen …

Ich möchte Sie durch mein Wünschen dazu ermuntern, dass die Phantasiereisen und inneren Bilder, die aus Ihrem Unbewussten aufsteigen, noch einmal eine Bekräftigung erfahren. Gleichzeitig möchte ich damit auch den Wunsch aussprechen, dass die neuen Bilder und tiefen Eindrücke, die Sie erlebt haben, auch in Ihr Erleben und Verhalten einfließen und dort Ausdruck finden mögen. Die Wünsche beziehen sich also auf Ihr Erleben und Verhalten, die Summe Ihrer Gedanken, Phantasien und Gefühle. Ihr eigenes Verhalten kann unmittelbar von Ihren Mitmenschen beobachtet, beschrieben und bewertet werden. Gedanken und Gefühle dagegen können nur vermutet und nicht direkt erschlossen werden. Sie stehen eben nicht auf Ihrer Stirn geschrieben. Bei dieser besonderen Form des Wünschens geht es nicht nur um Wünsche, die Sie sich leisten, die Sie sich erfüllen können. Denn Wünsche, die Sie sich erfüllen können, sind ja eigentlich keine Wünsche mehr, sondern eher Pläne. Wünsche gehen nämlich in Erfüllung oder eben nicht. In Märchen und Sagen begegnen Sie auf Schritt und Tritt dem Zauber, den ein Wünschen in sich bergen kann. Da gibt es verwunschene Prinzessinnen, geheimnisvolle Schlösser und Burgen. Da treiben Hexen und Zauberer, die einen verwünschen und Flüche aussprechen und sie lösen können, ihr Unwesen. Da werden dem Helden der Geschichte Ringe, Tarnkappen, Zauberstäbe und Wünschelruten geschenkt, die dieser dazu benutzen kann, auf seiner Wanderung durch die Märchenwelt sich und andere von dem bösen Zauber zu erlösen.

Der Mensch unserer Tage hat diese traditionsgebundene Form der Wunschfähigkeit wohl weitgehend eingebüßt. Wir sind es gewohnt, uns einen guten Tag zu wünschen, für das Weihnachtsfest einen Wunschzettel aufzuschreiben oder einen Lottogewinn zu erhoffen. Doch in erster Linie erhoffen wir uns, wenn wir drei Wünsche frei hätten, als Erstes eine gute Gesundheit. Oft folgen dann Glück und Reichtum als Nächstes. Ich möchte Ihnen vorschlagen, hier nicht stehen zu bleiben, sondern noch einen Schritt weiterzugehen. Ist es nicht so, dass wir nur das auch wirklich erreichen können, was wir uns ganz fest in unserem Inneren wünschen, vielleicht, wenn wir nachts eine Sternschnuppe vom Himmel fallen sehen? Vielleicht haben auch Sie schon diese Erfahrung gemacht, dass ein Wünschen wirklich helfen kann und nicht nur ein frommer Wunsch, ein nicht zu erreichendes Ziel bleiben muss. Haben nicht auch Wünsche und Zufälle etwas miteinander gemeinsam? Sind Glück und Sehnsucht nicht miteinander verwandt? Ich glaube fest daran: Um die Realität mit allen ihren Härten, Ungerechtigkeiten und Kränkungen ertragen zu können, wird man gut daran tun, zumindest in seinen Träumen eine andere Welt zu erfahren, eine Welt, wo Verzückung, Verwunderung und Verzauberung noch gute Chancen finden und an der Tagesordnung sind. Damit soll allerdings keineswegs einer Flucht aus der Welt das Wort geredet werden.

Wer viel in seinen Träumen lebt, braucht auch ein gutes Maß an Außenwelt, an Realitätssinn, um nicht abzuheben und den Sinn für das Machbare zu verlieren. Wer dagegen nur der Außenwelt verhaftet ist, mit Logik und Ratio durch sein Leben geht, benötigt doch auch die andere Seite, die Phantasie, um seelisch nicht zu verarmen. Denn ein jeder Weg, der nur die eine Seite kennt, ist unausgewogen und führt zur Verarmung. Denn ein Weg, wie lang er ist und wohin er führt, hat doch immer auch eine linke und eine rechte Seite, die beide für sich betrachtet werden wollen. Die Phantasie ist die Schwester der Fähigkeit, sich Wünsche zu erlauben und diesen zu gestatten, Wirklichkeit anzunehmen.

Ein inneres Wünschen, auch, wenn es noch so zart und leise ist, bringt Farbe und Bewegung in Routine und Alltag und vermag ihn zu überhöhen. Erinnern Sie sich doch bitte zurück an Ihre Kindheit: Was haben Sie nicht alles für Wünsche gehabt! Vielleicht sind einige davon in Erfüllung gegangen, andere nicht. Ist Ihr Leben so verlaufen, wie Sie es sich gewünscht haben? Die wenigsten Menschen behaupten das. Es fehlt doch eigentlich immer etwas, um ganz zufrieden sein zu können. Aber, was wir in unserer Vergangenheit, durch welche Gründe und Umstände auch immer bedingt, nicht erreichen konnten, können wir das nicht gut der Zukunft anvertrauen und dadurch in der Gegenwart zufrieden leben?

Ich wünsche Ihnen …

dass Sie Ihre Wunschfähigkeit wiederentdecken. Denn sie ist natürlich auch in Ihnen. Sie ist schon immer da gewesen. Im weiteren Verlaufe dieses Buches können Sie durch die Perlen Ihrer Phantasie ein Füllhorn von Möglichkeiten erleben, gute Absichten und alte Wünsche Wirklichkeit werden zu lassen. Denn die Phantasie ist ein Teil Ihrer Realität. Sie gehört zu Ihnen wie Essen und Trinken. Wenn wir unsere Phantasie und unsere Wunschfähigkeit verlieren würden, verschwände auch die Hoffnung, dass das Leben uns trägt.

Ich wünsche Ihnen weiterhin, mit Sehnsucht und Neugier im Herzen unterwegs zu sein. Gönnen Sie sich Inseln der Ruhe und des Genusses. Geben Sie sich bitte die Erlaubnis, alles das, was Ihnen auf Ihren Reisen begegnet, tief zu erleben, und auch Neues, Ungewohntes anzunehmen und dankbar zu begrüßen. Lassen Sie sich doch bitte in Ihrem ganzen Sein bereichern und beschenken und geben Sie das von sich fort, was ein anderer vielleicht besser brauchen kann. Es kann auch seinen guten Sinn haben, einen vertrauten Weg noch einmal zu gehen, in eigenen verwehten Spuren zu lesen, dort stehen zu bleiben, wo schon einmal Stillstand war – um dann weiterzugehen zu neuen Ufern Ihrer Seele.

Orte der Kraft und inneren Sammlung

Orte der Kraft und inneren Sammlung sind Plätze, zu denen die Menschen pilgerten und pilgern, um sich mit neuer Energie zu versorgen oder an einem spirituellen Ereignis teilzuhaben. Sie zogen im Gefolge einer Wallfahrt oder Pilgerschaft dorthin, verrichteten ihre Zeremonien, gingen weiter oder wanderten wieder nach Hause. Dabei wird angenommen, dass ähnlich den Blut- und Nervenbahnen und Medianen des menschlichen Körpers die Erde besondere Energieströme durchziehen. Unser ganzer Planet soll von diesen Kraftlinien durchzogen sein. Diese Linien verbinden die einzelnen Kraftorte miteinander. An den Stellen, an denen sie sich kreuzen, befinden sich – nach dieser Theorie – die Orte größter Kraft. Von ihnen sollen mächtige Vibrationen ausgehen. Damals wie heute sind solche Orte besonders als Hilfe zur Meditation, zur inneren Sammlung, geschätzt. Weitere Aspekte sind die der Heilung körperlicher Gebrechen oder Schmerzen, die Entscheidung lebenswichtiger Fragen oder die Kontaktaufnahme mit dem Göttlichen. Verstreut über den ganzen Erdball finden sich rätselhafte Ruinen von Städten, Tempeln oder Gräbern, verwirrende Zeichen und heilige Stätten, an denen Menschen versunkener Kulturen Kontakt mit dem Übernatürlichen suchten und zu inzwischen vergessenen Göttern beteten.

Sind Sie auf der Suche nach solchen geheimnisvollen Stätten, lassen Sie sich Orte und Gegenden finden, die einen Zauber haben, die die Kulturen anderer Menschen und anderer Zeiten erfahrbar machen, Orte, die zu Ihnen »sprechen«. Doch müssen Sie nicht unbedingt zu einem Ort der Kraft wandern, sei dieser in Ihrer Nähe beheimatet oder Tausende Kilometer weit fort. Sie brauchen Ihr Zuhause dafür nicht einmal zu verlassen. Sie können einen bestimmten Raum besonders ausstatten, mit einem Bild, einem ausgewählten Stein, mit Blumen oder Kerzen. Sie können dort räuchern, meditieren, beten oder besonders liebevolle Vorstellungen und Gedanken hegen. Was immer Sie auch tun, Ihre bewusste Absicht kann aus den gewöhnlichsten Utensilien rituelle Gegenstände machen. Dabei sollten Sie auch daran denken, dass zu jedem Ritual eine klare Struktur des Ablaufs gehört, dass es einen deutlich erkennbaren Anfang und ein ebensolches Ende haben soll. Zur Vorbereitung gehört auch eine innere Einstimmung des Bewusstseins, die Ausrichtung der Gedanken auf eine innere Reinigung. Schon dadurch, dass Sie sich anders als im Alltag verhalten, geben Sie einem inneren Ritual eine angemessene Bedeutung.

In den nächsten elf Kapiteln möchte ich Sie mit meinen Worten zu verschiedenen »Orten der Kraft und inneren Sammlung« begleiten. Der größte aller Kraftorte ist unsere Seele, vor allem, wenn wir sie durch die Perlen unserer Phantasie veredeln. Daher führt auch die erste Phantasiereise *»Das Labyrinth des Lebens«* in Ihre geheimnisvolle Innenwelt. Anschließend möchte ich Sie zu einem der mächtigsten Kraftorte, nämlich an einen Meeresstrand begleiten. Es folgt ein Abstieg in eine Höhle, wo Sie einen persönlichen Schutzraum vorfinden werden. Ein Herbstwald soll das nächste Ziel sein, wo Sie sich ein Spiel aus Wind und Farben erleben lassen können. Weiterhin möchte ich Sie auf einen Berg begleiten, von dessen Gipfel aus Sie in das *»Tal des Lebens«* blicken können. Anschließend wartet eine Insel auf Sie, auf der Sie sich in Ihrer Inseleinsamkeit Ruhe und Genuss gönnen können. In einem Kloster warten ebenfalls Ruhe und Abgeschiedenheit auf Sie. In seinem Garten können Sie ein Denkmal finden, das nur für Sie errichtet wurde. Dann öffnen sich die Türen eines Museums, wo Sie noch einmal in Ihre Kindheit und Jugend entführt werden. In einer Pyramide können Sie erleben, wie sich Licht, Erd- und Kosmosstrahlung bündeln und Sie dadurch neue Energien sammeln. In einem Brunnen lassen sich weitere Kraftquellen finden. Zum Schluss der Phantasiereisen zu Orten der Kraft und inneren Sammlung möchte ich Sie zu einem Garten begleiten, in dem Sie *»Schatzbeete«* anlegen können.

Innenreich
Das Labyrinth der Seele

Durch unseren Körper sind wir mit der Welt verbunden. Wir sind nicht in unserem Körper. Der Körper ist in uns. Körper und Seele sind untrennbar miteinander verwoben und verknüpft, so wie ein Teppich aus vielen Fäden besteht und dennoch eine Einheit bildet. Der Körper ist ein Gefäß für die Gefühle. Die Welt der Gefühle ist aber zugleich die Welt unserer inneren Bilder. Erst unsere bilderreiche Seele verleiht der Welt um uns herum Formen, Farben, Schwingungen und Gesichter. Sie ist das Reich der Phantasie, das Reich der Träume, der Märchen und der Mythen. Sie ist Palast und Schloss, Dom und Kathedrale in einem. Ihr innerer Reichtum heißt: Freundlichkeit, Zuversicht, Bescheidenheit, Geduld, Hoffnung, Gewissheit, Heiterkeit, Mut, Vertrauen und Liebe. Mit ihnen lässt sich gut und gerne ein Weg durch das Labyrinth des Lebens finden. Die Helden der Märchen, Sagen und Mythen erzählen von diesem inneren Weg und der Suche nach den Schätzen, die in unserem Herzen verborgen sind.

Geheimnisvoll ist unsere Herkunft, ist unsere Geschichte. Kindlich staunend betreten wir den Lebensweg. Mühsam und geduldig überwinden wir im Jugendalter und als Erwachsene Hindernisse, meistern Klippen und Gefahren. Sonst wären wir gar nicht mehr am Leben. Geheimnisvoll ist auch unser Ende. Wir wissen nicht vom Wann, vom Wie. Wir ahnen nur, was nachher kommt. Wir kennen uns noch nicht einmal selbst. Denn unser Wesenskern, die Mitte, ist für unsere Tagesaugen unsichtbar. Zauberworte brauchen wir, damit das Schatzhaus unserer Seele sich für uns öffnet. Ich wünsche Ihnen, es sind die Perlen Ihrer Phantasie.

Ein erstes Mal möchte ich Sie mit meinen Worten berühren und Sie in Ihr Innenreich begleiten. Um in »*Das Labyrinth der Seele*« zu gelangen, bedarf es Mut und Ausdauer. Am besten ist es, Sie schließen Ihre Augen, richten Ihren Blick nach innen und lassen sich fallen: Sagen Sie zu sich: »Ich lasse los, ich lasse einfach los.«

Das Labyrinth der Seele

Stelle dir vor,

- **du schließt noch einmal deine Augen und richtest deinen Blick nach innen.**

Es kommt dir vor wie ein zartes, feines Schweben, nach unten, um in Kontakt, um in Verbindung zu kommen mit deinem Innenreich. Du weißt: dieses weiche Tiefersinken kann etwas ganz Natürliches sein, weil es ja auch im Schlaf von ganz alleine geschieht, ohne dass man etwas dafür zu tun braucht. Sich einfach anvertrauen, diesem stetigen Fließen, diesem Rhythmus, der sich von selbst einstellt, wenn du gewähren lässt, ohne zu warten auf ein Muss, um dabei zu spüren, wie sich sanfte lichte Wogen glätten wollen zu weichen Konturen,

- **so wie der Schlaf in Wellen kommt.**

Dein Innenreich hat so viele Verbindungen mit so vielen Türen und Toren, mit so vielen Träumen, Bildern und Räumen. Dort kann tagsüber und auch nachts, wenn du schläfst, so vieles geschehen. Jede Sekunde, jeder Augenblick etwas anderes, etwas Ungeahntes, vielleicht sogar ein kleines Geheimnis, ein Geschenk, dann, wenn man gar nicht einmal daran denkt.

- **Schwerelos, in der Mitte von nirgendwo.**

Seit es Menschen gibt, sind sie auf der Suche nach Geheimnissen und sie finden – in ihrer inneren Unendlichkeit – dann, wenn sie weit genug gegangen sind, kleine und manchmal große Wunder in ihrem Innenreich. Denn auf eine bestimmte Art und Weise bist du schon angekommen in deiner Innenwelt, in der Welt, wo Bilder und Gefühle ihr Zuhause haben, wo ein

- **warmes, kuscheliges Zimmer**

sein kann, ein Ort, wo du dich einfach wohl fühlst. In seiner Mitte ist ein Schaukelstuhl, in den du dich bitte hineinsetzen und dich seine angenehme Bewegung spüren lassen kannst vor einem Kamin, der dich wärmt. Und – in dieser angenehmen Umgebung – kannst du dir Fragen stellen, Fragen, die sich immer dann einstellen wollen, wenn sich etwas in uns wandeln, etwas in uns verändern will, bei jedem Atemzug, bei jedem Schritt, den wir tun, bei jeder Schwelle, die wir überschreiten. Diese Fragen können lauten:

- **Wer war ich?**
- **Wer bin ich geworden?**
- **Wo war ich?**
- **Wohinein bin ich geworfen?**
- **Wohin eile ich?**
- **Wovon bin ich befreit?**
- **Was ist Geburt?**
- **Was Wiedergeburt?**

Und nun: Gib Abschied für dieses Mal. Du kannst ja wiederkommen an diesen Ort, zu jeder Zeit.

Ich wünsche Ihnen,

Sie wandern nun etwas gestärkter durch das Labyrinth Ihrer Seele. Oft wissen wir nicht, was innen und was außen ist. Nicht selten verlieren wir den Überblick. Gerade dann, wenn neue Wege gegangen, neue Verbindungen geknüpft, andere Vereinbarungen getroffen werden über Möglichkeiten, sich auf verschiedene Arten zu bewegen, tun wir gut daran, uns zu orientieren, damit das, was an Möglichkeiten schon vorhanden ist, nur nicht verloren geht. Orte und Zeiten ändern sich rasch, so dass wir leicht das Ziel aus den Augen verlieren. Irgendwie ist alles anders als vorhin, da sich – auf unserem Weg – nicht nur der Ort, sondern auch die Umgebung, die Perspektive ändern kann. Dort können sich unvermutet Ausblicke von einem engen Tal zu einem weiten Raum eröffnen, die zu neuen, ungeahnten Wegen führen, die früher einmal ganz selbstverständlich von uns begangen werden konnten. Sie fühlen, Sie ahnen: Auf diese Weise kommen Sie weiter, auf diese Weise öffnet sich das enge Tal der Angst und Not. Sagen Sie zu sich: Ich will den Weg gehen, zu dir, zu mir, zu meiner Mitte!

Meer
Abenddämmerung

Meer – welch ein Riesenwort, welch Ursymbol! Es steht für das Leben selbst. Dabei ist das Meer eher als ein neuzeitlicher Kraftort der Seele anzusehen. Für ältere Kulturen war das Meer mehr ein Symbol für Fremdheit und Bedrohung und keineswegs der Erholungsort schlechthin. Zwar war es als Reiseweg für Austausch von Kultur und Handel unentbehrlich, doch gingen auch Krieg und Zerstörung von ihm aus, wenn fremde Völker zur Eroberung und Plünderung an seinen Küsten landeten. In der Menschheitsgeschichte waren Völker, die am Meer lebten, besonders risikofreudig. Sie wollten erforschen, was »hinter dem Meer« liegt. Sie wollten fremdes Land entdecken und nahmen dabei viele unbekannte Gefahren und Risiken auf sich. Wir Heutigen wissen zwar jetzt, was sich »hinter dem Meer« befindet, doch fühlen sich viele der Küstenbewohner nach wie vor von den Fluten bedroht. Die meisten Menschen fühlen sich jedoch hier pudelwohl. Hier können sie Natur pur erleben. Der Wind, die salzige Luft, das ewige Auf und Ab der Wellen, die grenzenlose Weite lässt in uns Menschen eine besondere Sehnsucht reifen, eine Sehnsucht nach Ewigkeit, nach Freiheit, nach Unendlichkeit. Viele erleben hier Grenzerfahrungen.

Und nun folgen Sie mir bitte – in Ihrer Phantasie – an ein Meer zu einer Zeit der »*Abenddämmerung*«. Andere Menschen sind zu Hause. Hier und jetzt sind Sie mit dem Meer und sich allein. Sie können alleine mit sich selbst, ganz frei und ungestört den Zauber einer Verwandlung erleben.

Abenddämmerung

Ich bin völlig gelöst und entspannt. Meine Muskeln fühlen sich locker an. Nichts kann meine Ruhe stören. Nun lasse ich in meiner Phantasie einen wunderschönen Sommerabend entstehen.

- **Ich bin am Meer.**

Ich weiß, wie es ist, am Meer zu sein. Ich kann das Meer riechen. Die Wellen brechen sich am Strand in ewigem Kommen und Gehen. Mit jeder Welle, die ans Ufer rollt, können sich mein Körper, meine Seele und mein Geist, alles das, was mich ausmacht, immer mehr entspannen. Die Sonne wärmt meinen Körper. Ein leichter Wind spielt mit meinen Haaren. Um mich herum ist völliger Friede. Ich höre das Geräusch der Wellen, die kommen und gehen, wie sie kommen und gehen.

- **Ich gebe mir Zeit, alles dieses zu genießen.**

Wenn ich mich ein wenig bewege, so spüre ich den Sand unter meinen Füßen. Streiche ich mit der Zunge über die Lippen, schmecke ich den leichten Salzgehalt auf meiner Haut. Hoch über mir gleiten die letzten Möwen in der Abendsonne. Blicke ich nach vorne, kann ich der Sonne zuschauen, wie sie langsam im Meer versinkt. Der Abendhimmel ist voll gedämpfter Farben. Eine Wolke gleitet zeitlupenhaft über den Himmel. Die Sonne sinkt immer tiefer in das Meer hinein. Ich schaue zu, wie sie als glutroter Ball langsam im Meer versinkt – eine rosige Kugel aus geschmolzenem Gold. Fast ist es so, als ob sie von einer unsichtbaren Schnur gezogen wird.

- **Ein wunderschönes Bild entsteht vor meinen Augen.**

Nun ist die Sonne ganz im Meer versunken; nur eine rötliche Aura kann ich noch erkennen. Umso deutlicher kann ich nun das Feuer eines Leuchtturms sehen. Sein Schein wirkt so hell und weit, dass ich fast meine, dass er weit über den Horizont hinausreicht – vielleicht sogar bis auf die andere Seite, bis weit in ferne Länder? Ich weiß, er scheint des Nachts bis zum frühen Morgen, wenn die Sonne wieder aus dem Meer aufsteigt und ihn ablöst. Aber jetzt ist es Abend und etwas später Nacht – eine wunderschöne Zeit zum Träumen.

• **Ich träume:**

Alles das, was mich bedrückt, alles das, was mich beschwert, was mir zu mancher Zeit den Atem nimmt, will ich den Fluten des Meeres anvertrauen. Ich stelle mir vor:

• **Ich werfe meine Sorgenbündel in das Wasser,**

die mitunter so schwer auf mir lasten und mir den Atem nehmen wollen. Im warmen Schein des Leuchtturms kann ich erkennen, wie alles, was mich beengt und bedrückt, aufgenommen und fortgetragen wird, fernen Ufern zu.

• **Wo mögen sie nur landen?**

Ich wünsche Ihnen,

dass Sie sich abends, wenn der Tag sich neigt, die Winde ruhiger werden und die Wellen sanft das Ufer küssen, sich in Ihrer Phantasie ans Meer begeben und dort von Gelassenheit und Seelenfrieden träumen. Gehen Sie ganz ruhig am Strand entlang. Es ist Ebbe und eine gute Zeit, auf festem Sand zu wandern. Doch wissen Sie, es gibt auch andere Zeiten. Das Meer, die Welt, auch Ihre Seele hat mehrere Gesichter.

Ich wünsche Ihnen, dass Sie sich morgens, wenn die Nacht verrauscht ist und die Sonne – wie blank geputzt – aus Wolkenbergen lugt, ans Meer begeben und dort von innerer Stärke, Mut und Seelenkraft träumen. An diesem Morgen will es einfach wütend sein, wild und ungestüm. Auch Sie haben mehrere Gestalten. Sie können hin- und hergerissen sein und toben, ein anderes Mal mit Fassung tragen, was andere Menschen wütend macht. Auf diese Weise sind auch Sie ein Meer aus alldem, was Leben heißt.

Ich wünsche Ihnen, Sie lassen sich eine Muschel oder einen Bernstein finden. Die künden dann von Ewigkeit, von Ausdauer und Geduld. Vielleicht haben die stürmischen Wellen des Nachts noch andere Güter angeschwemmt. Suchen Sie und lassen Sie sich finden im unendlichen Meer der Seele.

Höhlen und Grotten
Im Schoß der Erde

Höhlen und Grotten sind Urbilder der Kontemplation. Beide stehen für das große Geheimnis von Tod und Auferstehung. Höhlen und Grotten sind unterirdische Behausungen. Sie sind Gebilde der Natur und stehen symbolisch für Instinkte und triebhafte Seiten des Menschen. Tiere ziehen sich in sie zurück und suchen Schutz und Geborgenheit. Bis in heutige Zeiten leben oder verstecken sich dort Menschen vor fremder Gewalt und Aggression. Sie sind Kraftorte und heilige Plätze ganz besonderer Art. Die ältesten menschlichen Spuren lassen sich gerade immer wieder in Höhlen und Grotten finden. Felsbilder und Höhlenmalereien sind an vielen Orten der Welt bekannt und legen Zeugnis ab von Sitten und Gebräuchen, von Gottesverehrung, vom Leben und Sterben jener Zeit. Wir wissen nicht, aus welchen Gründen der Mensch vor Tausenden von Jahren damit begann, Gegenstände seiner Lebenswelt in Bildern an den Wänden der von ihm bewohnten beziehungsweise zu kultischen Zwecken aufgesuchten Höhlen und Grotten zu fixieren. Jedenfalls wagten sich diese Menschen in das Erdinnere, errichteten Kultstätten und schmückten die Felsen überwiegend mit beschwörenden Tierbildern. So wurde die Höhle auch zum Ort der Meditation und der Zwiesprache mit den Göttern. Ihre Begehung und Erkundung können vitale Kräfte in uns auslösen. Gleichzeitig stehen sie auch für Erkundung und Neugier, für die Suche nach Geheimnissen, die die Erde in ihrem Schoß für uns bereithält.

Ich bitte Sie nun, sich in Ihrer Phantasie auf einen Weg in eine weitere Seelenlandschaft zu vertiefen, nämlich in eine Höhle oder eine Grotte, in den »*Schoß der Erde*«. Mögen Sie hier, an diesem Ort des Rückzugs, neue Kräfte sammeln und ihn zu einem ganz persönlichen Schutzraum und Ort der Geborgenheit nutzen und ausgestalten.

Im Schoß der Erde

Stelle dir vor,

- **du bist im Schoß der Erde, in einer Höhle.**

Hier kommt der helle Tag nicht hin. Denn hier ist ein Geheimversteck, das du wohl auch in deiner Jugend brauchtest, um mit dir allein zu sein. An den Wänden brennen Fackeln, so, dass du Übersicht gewinnen kannst. Nur ein Wasserrauschen aus der Erde summt ganz monoton in deinen Ohren, das die Stille noch verstärkt. Haben deine Augen sich gewöhnt, so kannst du

- **Zeichen und Bilder an den Wänden**

sehen, die andere Menschen weit vor deiner Zeit geschaffen haben. Setze dich nun einfach hin und betrachte sie von dieser Stelle aus. Vielleicht haben diese Zeichen, diese Bilder, so alt sie sind, doch auch mit dir zu tun, mit deinem Leben,

- **mit deinem Geheimnis, in der Welt zu sein.**

Und, wenn du meinst, für dieses Mal ist es genug, dann stelle dir vor, an diesem Ort der Kraft: Dein Körper, dein Geist und deine Seele, alles was du bist, ist eine

- **Höhle.**

Male dir ganz plastisch aus, wie sie in dir Raum einnimmt. Vielleicht klingt das Wasserrauschen in dir nach. Ruhe dich nun aus in deiner Höhle. Schöpfe Kraft. Wie war es nur im Mutterleib? So kannst du auch in diesem Schoß der Erde ganz bequem verweilen und gar nichts tun, als einfach nur in dich hinein zu lauschen in dein Höhlenwesen,

- **um hier etwas einzusammeln,**

was du – versunken in dich selbst – mit offenen Händen ganz passiv empfangen kannst, nämlich in einer so bequemen Haltung, Stille und Abgeschiedenheit zu genießen,

- **wobei das monotone Rauschen sicher helfen kann.**

Wenn du möchtest, so kannst du hier an dem geheimen Ort selber Bilder malen. Von diesem tiefen Platz aus malen sich Bilder von der Welt und deinem Sein in ihr

- **fast wie von allein.**

Und nun lasse Höhle Höhle sein. Öffne deine Augen. Sei wieder ganz »du« und fühle deinen Körper.

Ich wünsche Ihnen,

Sie benutzen dieses Bild der Höhle, um sich dort in aller Ruhe zurückzuziehen, wenn zum Beispiel eine wichtige Entscheidung in Ihrem Leben ansteht, wenn neue Aufgaben an Sie herangetragen werden, denen Sie sich derzeit nicht gewachsen fühlen. Eigentlich kann an diesem Ort des Rückzugs jedes Problem in aller Ruhe angeschaut und vielleicht einer guten Lösung zugeführt werden. Sie können dort meditieren, Bilder an den Wänden entstehen lassen, die mit Ihnen, mit Ihrem Leben in Verbindung stehen. Sie können Ihre Höhle wohnlich einrichten, Sie können dort alleine tanzen, so ungestüm und wild wie Sie nur mögen. Sie können dort singen, schreien, so laut sie wollen. Hier hört ja keiner zu. Natürlich können Sie auch ein Lieblingstier oder gute Freunde hier um sich versammeln und ausgelassen feiern. Es ist so vieles möglich. Ich wünsche Ihnen: Sie wählen aus, was zu Ihnen passen will.

Wald
Sinfonie der Farben

Die enge Verbindung von Wald und Menschen drückt sich in ungezählten Sagen und Märchen, Liedern und Geschichten, Mythen und Bräuchen aus. Bäume des Waldes sind ein Symbol der Hoffnung, des Neubeginns, der Wiedergeburt und des ewigen Lebens. Der heilige Bernhard von Clairvaux sagte: »Du wirst mehr in den Wäldern finden als in den Büchern. Die Bäume und die Dinge werden dich Dinge lehren, die dir kein Mensch sagen wird.« Unsere festverwurzelten Brüder sind still, doch nichts auf Erden ist stumm. Sie haben uns viel zu lehren, wenn wir uns genügend Zeit und innere Ruhe nehmen. In unserer Phantasie steht der Wald für den unbewussten Anteil in uns. Das Unbewusste, unsere geheime Intelligenz ist zwar immer da, immer in uns. Tagsüber begegnen wir ihr jedoch nur selten. Das Unbewusste ist auch der Schattenanteil in uns, der sich vor allem nachts, in unseren Träumen, auslebt. Nicht umsonst spielen viele Märchen, Sagen und Mythen im Wald. Er ist auch der geheime, magische Ort der Elfen, der Feen und Zauberer, der Bereich, wo Wunder und Geheimnisse angetroffen werden können. Nicht zuletzt ist der Wald auch der Ort der Bäume. Haben Sie schon einmal einen gesunden, kräftigen Baum umarmt? Und haben Sie auch dabei die urwüchsige Kraft und vielleicht sogar die Weisheit dieses Baumes gespürt oder zumindest erahnt?

Ich möchte Sie nun mit meinen Worten in einen Herbstwald begleiten. Dort lassen Sie sich bitte eine innere Feier, eine »*Sinfonie der Farben*« erleben.

Sinfonie der Farben

Stelle dir vor,

- **du bist in einem Wald. Es soll ein Herbstwald sein, ein Wald aus vielen bunten Farben.**

Du weißt: Dieses Schauspiel gibt es jedes Jahr. Doch nun sieh und staune, als sähest du es das erste Mal in deinem Leben, diesen Farbenrausch aus Orange, Blasslila, Gold, Purpur, Zitronengelb, Zinnoberrot, Kadmiumrot, Karmesinrot, Violett und Pfirsichrosa.

- **Die Bäume leuchten, als strahlten sie selbst die vielen Farben aus, statt Licht zu reflektieren.**

Und nun stelle dir vor, dein Körper ist

- **ein bunter Herbstwald.**

Gehe in dir, in deinem inneren Herbstwald, spazieren und genieße diese

- **Sinfonie der Farben.**

Die Natur will möglichst viele davon. Sie will zu diesen Zeiten herrlich, prachtvoll, festlich sein. Bevor es wieder Winter wird, will sie noch einmal richtig feiern, sich verschwenden. Ich wünsche dir, du feierst mit auf eine Art, die zu dir passt und dir gefällt.

- **Nun nimm die vielen Farben in deinem Körper auf**

und male deinen Geist und deine Seele in hellen Farben an. So ungewohnt es dir zunächst auch scheinen mag: Nimm den breiten Pinsel deiner Phantasie und beginne nun zu malen. Und, wenn du eine dunkle Stelle in dir finden solltest, so male einfach eine helle Farbe drüber. Du weißt: Auf diese Weise ist noch kein Problem gelöst, noch nichts gewonnnen.

- **Doch hebt es deine Stimmung ganz gewaltig.**

Und nun – du spürst es deutlich: Es kommt ein Wind in deinem Herbstwald auf. Die Wipfel wiegen sich. Laub wird aufgewirbelt. Blätter trudeln, tanzen von den Bäumen.

- **Spüre in dir, wie so vieles in Bewegung kommt.**

Der Wind wird stärker, wird zum Sturm. Zarte Äste biegen sich. Ein bunter Wirbel wird entfacht. Die Bäume schütteln sich. Es regnet Blätter, die von der starken Brise mal hierhin und mal dorthin getragen werden. Es scheint dir hier, der Zufall führt Regie.

- **Bist du nicht auch in deinem Leben mal hierhin und mal dorthin getragen worden?**
- **Wurdest du nicht auch manches Mal so richtig durchgeschüttelt?**
- **Geriet dein Leben nicht auch mal aus der Fassung?**

Die Bäume sind nun kahl, die Blätter fort. Der Wind hat sich gelegt. Stille ist nun eingekehrt. Wo ist die Farbenpracht geblieben? Nun zieht der Winter wohl mit dunklen Farben ein. Doch ich wünsche dir:

- **Die bunte Farbenpracht in dir kann auch in dunklen Zeiten leuchten,**

lässt du nur das Feuerwerk deiner Phantasie in den blauen Himmel steigen.

Ich wünsche Ihnen,

Sie lassen Sonne und viele Farben in Ihrem Leben Einzug halten. Die Farbpalette unserer Phantasie ist reich bestückt. Sicherlich sind Sie schon Menschen begegnet, die dazu neigen, »schwarz« zu malen. Diese Pessimisten malen sich vergangene und zukünftige Ereignisse einseitig düster aus. Die Farbpalette ihres Lebens scheint sehr begrenzt zu sein. Weiterhin gibt es Menschen, die dazu tendieren, sich alles »schön« zu malen. Deren Farbpalette ist auch nicht vollständig. Sie haben die dunklen Töne, die auch zu einem Leben gehören, ausgespart. Ich wünsche Ihnen, Ihre Palette möge alle Farben enthalten.

Ich wünsche Ihnen weiterhin, Sie lassen Wind in Ihre Seele ein. Wind ist ein Symbol für Bewegung, Veränderung und innere Dynamik. Altes wird in Frage gestellt, Neues kann durch seine urwüchsige Kraft geschehen: In seinem ständigen dynamischen Spiel mit Wasser, Licht und Erde. Er »macht« das Wetter und sorgt mit seinen Wolken für Schatten und Regen. Er kann Wolkengebirge bauen, stilles Wasser zu Wellenbergen türmen und binnen Stunden ganze Landstriche verwüsten. Er kann aber auch ganz zärtlich und sanft mit unseren Haaren spielen, unsere Haut streicheln und uns von weit her Musik, Worte und Töne zuflüstern. Er ist der große Antreiber und Bote auch in unserem Innenleben.

Berg
Der Wanderer

Wer schon einmal eine Bergwanderung unternommen oder einen Gipfel bestiegen hat, weiß, wie mühsam und strapaziös dies sein kann, aber auch wie befriedigend und beglückend, hat man endlich den Gipfel erreicht. Die Anstrengungen sind rasch vergessen. Der Rundblick ins Tal entschädigt für alles. Stille, Weite, Einsamkeit herrschen hier vor. Die Relationen verschieben sich rasch. Was unten im Tal so wichtig erschien, verliert hier oben an Bedeutung, Eine Ahnung von Unendlichkeit überkommt uns. Wer einen Berggipfel erklommen hat, fühlt sich von irdischer Last befreit wie ein Vogel. Auf einer Bergspitze fühlt sich der Mensch dem Himmel nahe. Die Welt liegt ihm auf atemberaubende Weise zu Füßen. Beim Berg strebt der Boden dem Himmel zu. So wird der Berg zu einer Metapher für das Leben an sich, für die Gefahren, die er birgt, aber auch für den Lohn, wenn man eine schwierige Phase gemeistert hat und auf einer neuen Ebene angekommen ist. Eine Erhebung ist gleichzeitig eine Bewusstseinserweiterung. Denn kann ein Problem auf der Ebene des Problems gelöst werden? Erheben Sie sich in Ihrer Phantasie. Stehen Sie darüber. In vielen Fällen fällt uns – wie von selbst – die Vorahnung einer Lösung zu.

Bitte folgen Sie mir mit Ihrer Aufmerksamkeit und Ihrer Phantasie auf einen Berg Ihrer Wahl. Von seinem Gipfel aus können Sie sich unten als ein »*Wanderer*« durch das Leben gehen sehen.

Der Wanderer

Stelle dir vor,

- **du bist auf einem Berg, auf einem Berg ganz nach deiner Wahl,**

von dem aus du gute Sicht nach allen Seiten hast. Hier hast du Abstand und auch Überblick. Und nun – bitte setze dich auf einen Sitz in Stein gemeißelt, auf dem dein Name steht, dein Name, so, wie du dich nennst. Nun schaue von dieser Seite aus nach unten in das Tal. Es soll das

- **Tal deiner Vergangenheit**

sein. Und nun schaue – aus dieser ganz besonderen Perspektive – nach unten. Sieh dir dabei zu, wie du als Wanderer durch dein Lebenstal schreitest vom Anfang bis zur Gegenwart. Was widerfuhr dir, was erlebtest du an Bösem und an Gutem? Hier, auf diesem Berg, ist alles weit entfernt von dir. Auch, wenn dir vieles nahe gehen mag, so ist doch genügend Abstand zwischen euch.

- **Nun schaue dir von oben zu, wie du unten wanderst.**

Was immer du erlebtest, gehe nun bitte auf die andere Seite dieses Gipfels. Auch hier ist ein Sitz in Stein gemeißelt, auf dem dein Name steht. Nun setze dich hier hin und schaue nach unten. Dieses Mal soll es das

- **Tal deiner Zukunft**

sein. Sieh dir zu, wie du, ein Wanderer, durch das Tal gehst und stelle dir Fragen, was du wünschst und willst und welches Leben du wohl führen möchtest, ein Leben ganz nach deiner Art. Und achte auf die Antworten, wenn du dir von oben zuschaust, wie du unten wanderst.
Und nun ein Drittes: Du, dort unten, gehe nun den Berg hinauf zu dir dort oben. Lebe diesen Augenblick. Du kannst es schaffen, auch diese Aufgabe zu lösen, gehst du nur ganz behutsam und liebevoll mit dir um und hast ein klares Ziel vor Augen. Du hast jetzt nur

- **Gegenwart im Sinn.**

Sei völlig konzentriert und ruhig, Wanderer des Lebens.

- **Du bist ja auf gutem Weg zu dir.**

Und, bist du endlich oben angekommen, begrüßt euch doch auf eure Art – und setzt euch dann auf einen dritten Sitz, der in der Mitte steht. Auch hier ist euer Name eingraviert.

- **Ein wunderbarer Ort, sich zu erholen und sich gut anzufühlen.**

Ich wünsche Ihnen,

Sie wandern auf einen Berg – ganz real oder in Ihrer Phantasie –, wenn Sie ein Problem bedrückt, wenn Sie in eine Sackgasse Ihres Lebens geraten sind, wenn Sie aus einer Lage keinen Ausweg mehr finden. Hier oben können Sie sich das Problem aus einer anderen Perspektive ansehen. Oft wird es durch die große Distanz, die Sie zurückgelegt haben, kleiner und wirkt nicht mehr so belastend. Die Relationen verschieben sich. Was unten im Tal so wichtig schien, verliert hier oben an Bedeutung. Gehen Sie behutsam mit sich selbst um, auch in der Phantasie. Sorgen Sie für Wanderschuhe und Proviant. Das senkt das Risiko und schafft Genuss.

Oft nehmen wir uns Aufgaben vor, oft setzen wir uns Lebensziele, die, bei Licht betrachtet, kaum zu meistern sind. Es muss kein Alpengipfel sein, den Sie sich erobern. Auch ein kleiner Berg in Ihrer Nähe ist ein Ziel, das lohnen kann. Achten Sie auf Ihrer Wanderung auch auf genügend Pausen. Damit sich in uns etwas setzen, etwas strukturieren kann, benötigen wir Haltezonen, Ruheinseln, Atempausen. Schauen Sie zurück und freuen sich darüber, was Sie alles schon geschafft, geleistet haben. Und auch beim Abstieg achten Sie auf sich und das Gefühl, über etwas hinweggekommen zu sein, etwas überwunden und – ganz bewusst – eine neue Erfahrung gemacht zu haben.

Eiland
Ruheinsel

Seit jeher ist der bevorzugte Ort unserer Sehnsüchte und Träume die Insel. In Verbindung mit exotischen Motiven wird sie zum Symbol der vielleicht glücklicheren, bestimmt jedoch interessanteren Traumwelt gleich hinter dem Horizont. Die in der Kindheit erlebte Freude am Rückzug in einen eng begrenzten Raum, der je nachdem zu Burg, Höhle oder irgendeinem anderen Ort der Phantasie werden kann, wirken im späteren Leben fort: Die Verbindung von Enge und schönerer Fremde wird zum Wunschbild der Insel.

Die Insel ist ein »moderner« Ort der Kraft geworden. Jährlich fliegen Hunderttausende von Menschen unseres Kulturkreises zum Beispiel auf die Balearen oder die Kanaren, um dort »aufzutanken«. Viele Menschen wünschen sich gelegentlich jedoch den Aufbruch auf eine einsame Insel, hegen den Wunsch nach einer »Robinsonade«, wo sie ein Alleinsein, ein Auf-sich-gestellt-Sein erproben möchten. Hier sind Verabredungen, Normen und Regeln des Alltags weitgehend außer Kraft gesetzt. Hier können Grenzerfahrungen erlebt werden, auch für diejenigen unter uns, die weder die Durchquerung von Wüsten, von Polarregionen noch gar die Ersteigung von Himalajagipfeln im Auge haben.

Hier kann aber auch – auf einer »Schippe Sand« in der Weite eines Meeres – eine Begegnung mit sich selbst stattfinden. In der Hitze und Hetze des Alltags suchen wir immer wieder solche Inseln, um zu träumen, um innezuhalten, um uns zu besinnen und innere Werte zu entdecken.

Auf ein solches Eiland möchte Sie die Phantasiereise »*Ruheinsel*« entführen.

Ruheinsel

Stelle dir eine

- **Insel**

vor, eine von Menschen unentdeckte Landschaft wartet schon auf dich. Diese Insel liegt inmitten eines weiten Meers. Sie soll allein für dich geschaffen sein.

- **Du brauchst sie nur noch in Besitz zu nehmen.**

Wenn du nun auf dieser Insel bist und für eine Weile auf ihr leben möchtest, so richte sie doch ein nach deinem Bilde. Was musst du tun? Was musst du lassen,

- **um dich hier so richtig wohl zu fühlen?**

Und wenn du länger auf ihr leben möchtest, schaue dir Veränderungen an, die die Zeit auch mit deiner Insel macht. Vielleicht haben Wind und Meer etwas von der Küste weggefressen; vielleicht sind Sand und Land dazugekommen.

- **Schaue, was sich umgestaltet hat.**

Und nun stelle dir bitte vor, dein ganzer Körper, deine Seele und dein Geist, alles, was du bist, ist eine

- **Insel.**

Es kann die gleiche oder eine andere sein. Und nun entdecke dich dabei, wenn du sie erforschst.

- **Wie ist es um deine Einsamkeit bestellt?**
- **Wie mit deiner Lust, Neues, Unbekanntes zu entdecken?**
- **Soll es eine Brücke geben zum Festland hin oder bist du hier lieber ganz mit dir allein?**
- **Was brauchst du für ein Leben? Ist hier genug zum Leben da oder muss ein Postschiff dich versorgen?**

Alles Fragen, die sich stellen, wenn du neue Schritte wagst, dich in Seelenlandschaften zu vertiefen. Doch nun ruhe aus. Lege dich ganz lang und breit auf weichen Sand oder in eine Hängematte. Gönne dir viel Zeit und Muße. Erhole dich.

- **Vielleicht kann das leise Wellenrauschen die Stille noch vertiefen.**

Nun bringe etwas von der Insel mit. Das geht am besten, wenn du auf ihr

- **zurücklässt,**

was du vielleicht jetzt nicht mehr so dringend brauchst, was du nicht mehr so nötig hast. Du weißt: Die Insel, sie kann weiter in dir ruhen. Du kannst auf ihr verweilen, so oft und lange du nur magst.

Ich wünsche Ihnen,

Sie gönnen sich mehr und mehr Inseln der Ruhe, Inseln der Freude, Inseln des Genusses im weiten, oft stürmischen Meer des Lebenskampfes. Wir alle brauchen Abstand zu den Dingen. Wir alle brauchen gelegentlich Einsamkeit und Stille. Wir alle benötigen hin und wieder Entdeckerlust und die Hinwendung zum einfachen Leben, zu Wasser und Brot, zum Sammler und Jäger. In jedem von uns schlummern Ressourcen, Kenntnisse und Befähigungen, unser Leben auch unter schwierigen äußeren Bedingungen in Gang zu halten. Diese Begabungen brauchen wir in einer hoch industrialisierten und automatisierten Welt kaum noch abzurufen. Daher sind diese Ressourcen bei vielen von uns verkümmert: Doch sind sie nicht verloren. Unter besonderen Bedingungen und Herausforderungen können wir sie wieder finden und aktivieren. Dazu brauchen wir aber immer wieder festen Boden unter den Füßen, auch, wenn nur eine Schippe Sand ins Meer geworfen wurde. Jeder Tag schwemmt doch neues Land vor unsere Füße. Nachts reißt es an unseren Deichen, die wir zu unserem Schutz und zu unserem Hab und Gut errichteten. Tagsüber bauen wir wieder auf.
Vielleicht können Sie auch folgendes Bild annehmen: »Hüpfen« Sie in Ihrer Phantasie von Insel zu Insel. Die eine mag für Entdeckerlust und Neugier stehen, die andere für Einsamkeit und Stille, die dritte für Erholung.

Kloster
Denkmal

Es gibt ihn noch, den Ort der Kraft und inneren Sammlung, so nah und doch so weit von jeglicher Alltagshektik. Wer Abstand gewinnen, Stille suchen, wer mit sich ins Reine kommen will, kann dies alles zugleich an einem Ort tun. Immer mehr Menschen – ob religiös oder nicht – sind von der Vorstellung fasziniert, sich für eine kurze oder auch längere Auszeit in ein Kloster zurückzuziehen. Sie suchen Stille und Abgeschiedenheit, um wieder zu sich selbst zu finden. Diesem Wunsch kommen immer mehr Klöster nach und öffnen ihre Tore auch für Menschen, die sich keinem speziellen Glauben zugehörig fühlen. Somit sind Klöster Gotteshäuser ganz eigener Art. Seit Jahrhunderten sind sie Orte der Stille und Andacht. Sie bilden eine kleine Welt für sich. Die einfachen Verhältnisse und der Verzicht auf jeglichen Luxus schaffen Raum für Ruhe, Einkehr, Aufatmen. Hier kann man Distanz zum Alltag und zu den weltlichen Dingen gewinnen, die uns Zeit, Kraft und Muße rauben. Hier kann man sich seinen Sorgen und Nöten auf eine behutsame und vertrauensvolle Art und Weise nähern. Die laute Welt? Sie findet hier nicht statt. Sie ist hier ausgesperrt. Wir brauchen uns an diesem Ort nicht zu verstecken, kein Spiel zu spielen. Hier können wir uns auf eine andere Art heimisch fühlen, auch, wenn wir Fremde sind und nur Gäste auf Zeit.

Ich möchte Sie nun in diesen Ort der Stille und Abgeschiedenheit einladen, in ein Kloster, wo Sie ein »*Denkmal*« vorfinden, ein Denkmal ganz nach Ihrer Art.

Denkmal

Stelle dir vor, du bist in einem

- **Kloster,**

in einem Kloster, das dir vertraut ist, oder in einem Kloster, ganz aus deiner Phantasie. Beides kann sich auch vermischen. Nun schreite durch seine Gänge, seine Räume und höre deine Schritte von den Wänden widerhallen.

- **Wie ist dir zumute?**

Und nun öffne ein Tor und gehe in den Klostergarten. In seiner Mitte steht

- **ein Denkmal,**

ein Denkmal, auf dem dein Name steht. Es soll dein Denkmal sein, ein Denkmal für alles das, was du bislang lebtest. Es kann groß oder klein, hart oder weich sein, auf einem Sockel stehen oder auf der bloßen Erde. Es kann eine Skulptur sein oder unbehauen, alles wie und was du möchtest. Auch seine Farbe kannst du wählen. Gehe einfach um dies Gebilde herum.

- **Nimm Kontakt mit deinen Händen auf und prüfe, wie es sich anfühlt.**

Wenn du es wünschst, so kannst du nun dein Denkmal formen, bearbeiten, so, dass es die Gestalt annehmen kann, so wie du sein möchtest. Verleihe ihm die Größe, die Figur, die Form und auch die Farbe

- **deiner Zukunft.**

Und nun betrachte alles noch einmal aus der Ferne. Tritt zurück. So gewinnst du eine neue Perspektive. Und bist du noch nicht zufrieden, dann bearbeite es von neuem und verändere es nach deinem Bilde. Was möchtest du noch zum Vorschein bringen, was willst du noch wagen? Prüfe auch, wie du dich fühlst und bitte

- **achte dabei auf deine guten Absichten.**

Wenn du möchtest, schreibe, ritze oder meißle noch eine Inschrift in dein neues Denkmal, ein Symbol, ein Motto,

- **das dein Leben prägen soll.**

Und zum guten Schluss gehe nun in deinen Raum in diesem Kloster und schließe hinter dir die Tür. Ich wünsche dir, es ist ein stiller, karger Raum. Hier setze dich und phantasiere, denke, meditiere,

- **auf eine Art und Weise, die zu dir passen will.**

Ich wünsche Ihnen,

Sie besuchen noch öfters das Kloster Ihrer Phantasie oder begeben sich in der Realität in eines. Nutzen Sie den Ort, um sich mit Dingen wirklich auseinander zu setzen, die im Alltagsbetrieb keinen Raum finden oder zu kurz kommen. Besuchen Sie auch Ihr Denkmal. Achten Sie darauf, wie es sich vielleicht jedes Mal ein wenig oder sogar ganz und gar verändert. Das geschieht oft dann, wenn wir in unserem Leben auf einer neuen Stufe angekommen sind, auch, wenn wir dies vom Kopf her gar nicht wissen. Unsere Seele, unser Unbewusstes fühlt tiefer, als der schärfste Verstand denken kann. Denn tiefes Verstehen entspringt reiner Stille. Wenn wir uns nicht länger mit Vergangenheit und Zukunft beschäftigen, nicht mehr etwas sein wollen, enthüllt sich eine tiefe Ruhe und Gelassenheit in uns, die alle Zeiten, allen Raum, allen Wandel in sich tragen kann.

Viele meinen, im Kloster müsste man auf so vieles verzichten. Dabei ist es oft umgekehrt. Wir Menschen außerhalb des Klosters verzichten auf Wesentliches, merken es jedoch nicht einmal. Dabei brauchen wir uns gar nicht in das nächstbeste Kloster zurückzuziehen, all unseren Besitz und unsere Verpflichtungen aufzugeben, um Stille und Weite erfahren zu können, auch, wenn wir uns denn in gute, auffangbereite Hände fallen ließen. Denn das Kloster ist in jedem von uns.

Wir müssen uns nur öffnen.

Museum
Vergissmeinnicht

Was uns als ein »Jetzt« erscheinen mag, trägt Vergangenheit und Zukunft bereits in sich. Aus der Fülle der Begegnungen, Erlebnisse, Hoffnungen und Enttäuschungen macht das Unbewusste Geschichten, die wir uns dann wieder erinnern lassen und durch Erzählen weitergeben können. Unser Unbewusstes ordnet, indem es sich sammelt und alles bündelt, was uns wesentlich an unserer Geschichte erscheinen mag. Geschichten sind Aufbewahrtes und benötigen innere Ordnung, Gliederung, Anfang und Ende, damit sie uns immer wieder zur Verfügung stehen. Sie sind ein gutes Mittel zur Weitergabe und Aufbewahrung uralter Weisheiten. Aus ihnen kann ein jeder, der ein offenes Herz und Ohr hat, etwas für sich lernen. Sie führen in die Welt des Zaubers, des Geheimnisvollen. Der Schatz der Erinnerung, wenn es denn gut ging mit einem, ist ein riesiges Reservoire an Energien. Museen sind solche Orte der Kraft und inneren Sammlung.

»*Vergissmeinnicht*« ist eine Zeitreise, in der Sie sich auf eine Spurensuche begeben können, auf eine innere Suche nach Vergangenheit und tiefem Sinn. Vielleicht begegnet Ihnen auf dieser Reise auch Ihre Sehnsucht, die Sehnsucht nach Zärtlichkeit, nach Liebe, Ganzheit und Vollendung.

Vergissmeinnicht

Stelle dir vor, du stehst vor einer Tür, an der wiederum

- **dein Name**

steht, so, wie du dich nennst. Trittst du über ihre Schwelle, so bist du im Museum,

- **im Museum deines Lebens, im Museum deiner Heimat.**

Hier, an diesem Ort, ist deine Vergangenheit aufbewahrt, gesammelt und geschützt. Du spürst: Sie ist in guten Händen. Hier liegen kleine Schätze deiner Herkunft, deiner Geschichte, deines Geheimnisses, in der Welt zu sein, gut geborgen unter Holz und Glas, Vitrinen und Regalen. Ich wünsche dir, du fühlst dich wohl in diesen Räumen.
Noch etwas Seltsames gescheht: Alles, was du berührst, genauer anschaust, prüfst, wird größer. Mit Staunen spürst du, wie du dabei kleiner wirst. In dieser neuen Art, etwas zu betrachten, schaue dir ein Regal mit Tagebüchern an, eines für jedes Jahr, in edles Leinen eingebunden.

- **Wenn du möchtest, vertiefe dich in sie.**

In einem anderen Regal sind bunte Alben mit Fotos, Zeugnissen und Briefen.

- **Sortiere aus, was dich erinnern möchte und was dort bleiben soll, wo es sich befindet.**

In einem offenen Schrank sind Kleidungsstücke der Vergangenheit.

- **Erinnere dich an Zeiten, in denen du sie trugst.**

In Vitrinen siehst du Spielzeug, das du liebtest, das dir Lust und Trost in Kindertagen war.

- **Was war es nur, das du – mit glänzenden Augen – unter dem Weihnachtsbaum vorfandest?**

In einem anderen Raum lasse dich Bilder von Landschaften, Städten, Dörfern, Häusern, Wohnungen entdecken.

- **Wo warst du zu Hause? Wo fühltest du dich heimisch?**

Und gehst du weiter, so hängen in dem nächsten Raum noch andere Bilder an den Wänden, Bilder von Menschen, die für dich sorgten, die dich nährten, schützten, von Menschen, die mit dir verbunden sind und waren, von Menschen, die mit dir Zärtlichkeit und Liebe teilten. Gehe von Bild zu Bild. Schaue ihnen ins Gesicht.

- **Wenn du möchtest, so kannst du lächeln, grüßen, dich bedanken.**

Doch die Verhältnisse verschieben sich erneut. Die Bilder schrumpfen und du wirst wieder größer. Im letzten Raum deines Museums sind Bilder aufbewahrt von dunklen Tagen, von Menschen, die dein Leben trübten. Sie gehören zu einer Sammlung auch dazu. Wenn du möchtest, setze dich hin und betrachte sie in aller Ruhe in diesen geschützten Räumen.

- **Wenn du möchtest, kannst du verzeihen.**

Doch nun:

- **Hänge die alten Bilder ab und bringe neue an.**

Gehe durch die Tür nach draußen. Schließe die Tür fest zu. – Und sei so groß und alt, wie du dich heute fühlst.

Ich wünsche Ihnen,

die schönen Geschichten Ihrer Vergangenheit mögen sein wie Batterien, die ihre Leuchtkraft weiterreichen. Erinnerung ist doch der Schatz unseres Gewordenseins. Wenn es gut ging mit uns, ist sie ein großes Fass voll Energie. Erinnern Sie sich doch nur an die vielen Stützen und Hilfen im Leben! Doch erinnert sich jeder auch an dunkle, schwere Zeiten und weiß von nur oberflächlich verheilten Wunden und dunklen Flecken aus seiner Vergangenheit. Doch wie man sich immer wieder aufrappeln konnte, das ist doch weiß Gott auch eine Energiequelle: Los, Mensch, geh, fass an, ja, du kannst. Erinnerung ist doch der Grund und Boden, auf dem unser Denkgebäude ruht. Schuld will wiedergutgemacht sein, und Liebe will in neuen Kleidern wiederkommen. Unbewusst trägt uns der Halt der frühen Jahre. Die Erinnerung bewahrt uns viele Farben und Muster für Aufbruch, Reisen und für neue Chancen.

PYRAMIDE
Innere Batterie

Nach wie vor muten uns Pyramiden seltsam und in ihrer Art einzigartig an. Sie erinnern seit Jahrtausenden an das vergessene esoterische Wissen der Menschheit. So ist es nicht verwunderlich, dass sich um diese erhabenen Gebäude die abenteuerlichsten Legenden und Mythen ranken. Rätsel und Geheimnisse schlummern in diesen kolossalen, mythischen Bauwerken und lassen noch Entdeckungen und das Aufspüren kleiner Wunder vermuten. Es ist aber auch gut möglich, dass in einer Welt, wo fast alles schon erkundet und erforscht wurde, die Pyramidengeheimnisse vielleicht niemals vollständig gelöst werden. Dabei wirkt die Pyramidenform wie ein Diamant. Eine stark schwingende Energie fließt durch die obere Spitze hindurch und von da aus in ihre tieferen Ebenen und letztlich in das Innere, in ihre Räume und Kammern hinein. Man kann es so sehen, dass die Pyramidenform unser ganzes Sein, die unbewussten schöpferischen Energien und Bestrebungen in uns verkörpert. Auf diese Weise kann unser Seelenleben auch symbolisch als Pyramide verstanden werden. Unser Innenreich, alles das, was uns als Mensch ausmacht, die Art und Weise, wie wir mit uns selbst und mit der uns umgebenden Welt umgehen, ist bislang von der Psychologie nur ansatzweise erforscht worden. In jedem von uns schlummern kleine Geheimnisse und Wunder, Fähigkeiten und Fertigkeiten, die nur zu mancher Zeit und nur an einem besonderen Ort an das Tageslicht drängen.

Ich möchte Sie auf Ihrem inneren Weg, neue Kraft zu schöpfen, begleiten, wenn ich Sie dazu ermutige, in Ihrer Phantasie ein besonderes Bauwerk, eine Pyramide aufzusuchen, um dort Ihre »*Innere Batterie*« aufzuladen.

Innere Batterie

Stelle dir vor, du bist in einer

- **Pyramide.**

Bitte lasse dich nun spüren und erleben, wie du in ihrer Mitte bist, dort wo die Schwingungen der Erde am allerstärksten zu empfinden sind.

- **Hier strecke deine Arme ganz weit aus, mit den Handflächen nach unten.**

Und nun spüre, wie die Erdschwingungen deine Handteller erreichen, vielleicht als ein sanftes unablässiges Vibrieren, das durch deinen ganzen Körper geht. Und bitte:

- **Gib dir Zeit dafür.**

Und nun wende deine Hände so, dass

- **die Handinnenflächen nach oben ausgestreckt sind,**

der Sonne, dem Licht entgegen. Spüre, wie diese leuchtende Energie aus der Mitte der Pyramide sich in deinen Handflächen bündelt und von da aus weiter ausstrahlt bis in

- **deinen ganzen Körper.**

Bleibe in der Mitte stehen, aber gehe in deiner Phantasie noch einen Schritt weiter. Stelle dir vor, dein Körper, dein Geist und deine Seele, alles, was du bist, ist eine

- **Pyramide.**

Spüre, wie das Kraftfeld der Erde und die leuchtende Energie der Sonne sich vereinen, sich konzentrieren wollen in deiner Mitte, dort, wo deine Gefühle sind. Spüre in dir nach, wie

- **deine innere Batterie**

aufgeladen wird von der Schwingungen der Erde, von der Kraft der Sonne, von den unermesslichen Energien des Weltalls.

- **Ich wünsche dir, du lässt dein ganzes Sein durchfluten.**

Ich wünsche Ihnen,

Sie bündeln Ihre ganz Kraft für die Aufgaben des Lebens, die Sie beeinflussen können, die Sie wirklich in der Hand haben. Viel zu oft kümmern wir uns doch um Dinge, die war gar nicht ändern können, auf die wir keinen Einfluss haben. Die Spuren der Vergangenheit: Sie liegen hinter uns. Es gibt gute Gründe, sich gelegentlich nach ihnen umzusehen und ihrem tiefen Sinn nachzuspüren. Doch leben wir aus unserer Mitte, blicken wir und gehen wir nach vorn, auch, wenn ein scharfer Wind entgegensteht. Wenn Sie spüren, dass Ihre Kräfte schwinden, dass Sie sich abgespannt und müde fühlen, tanken Sie neue Energien und Kräfte, laden Sie Ihre innere Batterie auf und stellen sich Ihren Körper, Geist und Ihre Seele als Pyramide vor. Schon aus Aufzeichnungen der alten Ägypter wissen wir, dass Sie bei Schmerzen die entsprechende Problemzone als Sonne visualisierten. Tausende von Jahren ist also diese »Technik« alt. Ein weiterer guter Grund also, sich von den unermesslichen Energien durchfluten zu lassen.

Brunnen
Kraftquelle

In den Märchen und Mythen der ganzen Welt symbolisieren Brunnen den Urschoß des Lebendigen, wie er sich in unserer Sprache in Begriffen wie Lebensquelle und Jungbrunnen ausdrückt. Obwohl wir heutzutage sicherlich nicht mehr an einen Jungbrunnen noch an Brunnenwasser glauben, das uns Allwissenheit und hohes Alter schenkt, so galten Brunnen doch bis in die jüngere Menschheitsgeschichte hinein als überaus wichtig. Früher hatte jedes Dorf seinen Brunnen. Diese waren beileibe nicht nur Wasserquelle, sondern auch Kommunikationsorte. Am Brunnen begegnete man sich und tauschte Informationen aus. Nach Feierabend erzählte man, sang und feierte. Das ist die Gemeinschaftskomponente des Brunnens. Eine weitere Symbolik steht für die eigene Tiefe, aus der heraus ein Mensch sein Leben gestalten kann. Weiterhin ist das Symbol Brunnen ein Bild für die Begegnung mit Gott, der Lebensquelle. Alle Menschen bergen in sich einen tiefen Brunnen, der sie mit Lebenswasser versorgt. Dieser tiefe Quell ist der Brunnen unserer Träume. Er ist ein mächtiges Bild für einen wichtigen inneren Bereich, der tiefer ist als unser Gefühl und mächtiger als unser Verstand. Jeder von uns kann in seinen Träumen ein so tiefer Brunnen sein, dass wir nicht bis zu seinem tiefsten Grund hinabblicken können. Manchmal mag es uns sogar erscheinen, als ob unsere Seele in der Tiefe unserer eigenen Träume untertauchen würde. Entspannung und Trance sind die Schlüssel für den Weg in diese Räume, die man auch das Unbewusste nennen kann. Phantasie und Imagination sind Tore und Türen in die Traum- und Bilderwelt.

Die nächste Phantasiereise heißt: »*Kraftquelle*«. Ihr Inhalt soll Sie dazu ermuntern, aus dem tiefen Brunnen Ihrer Träume und der Phantasie neue Lebensenergie zu schöpfen.

Kraftquelle

Stelle dir vor,

- **du stehst vor einem Brunnen.**

Dieser Brunnen soll eine Quelle sein, durch die du neue Kräfte finden kannst, fühlst du dich erschöpft und ausgepumpt. Er soll dir Lebenswasser spenden. Nun nimm das Füllhorn deiner Phantasie und stelle dir vor, es ist der

- **Brunnen deiner Träume, deiner Innenwelt,**

dessen Wasser dein Leben nährt und reinigt.

- **Du bist der Brunnen.**

Spüre in dir nach:

- **Ist er nicht genau in deiner Mitte?**

Nun ruhe aus an seinem Rand und frage dich:

- **Was sind meine Quellen?**
- **Was nährt mein Leben?**
- **Was will ganz tief aus mir heraus fließen?**

Und nun – wie immer auch deine inneren Antworten ausgefallen sind – nimm das Füllhorn deiner Phantasie und stelle dir vor, wie ein Regen aus reinem Licht,

- **ein Lichtregen,**

deinen Brunnen füllt bis an den Rand.

- **Ich wünsche dir, du kannst dies Bild genießen.**

Nun schöpfe mit beiden Händen von dem wunderbaren Wasser und trinke es in langen Zügen. Wie ein Kraftquell strömt es in dich ein und nährt und reinigt deinen Körper, deinen Geist und deine Seele.

- **Bitte doch darum, dass es so sein mag.**

Ich wünsche Ihnen,

dass Sie sich in Ihrem Leben viele Brunnen und Quellen finden lassen, die Sie immer wieder dazu ermuntern wollen, neu anzufangen, wenn etwas zum Stillstand gekommen ist und sich aufgebraucht hat. Vielleicht lassen Sie sich ebenfalls dazu anregen, in die tiefen Schichten und Räume Ihres Unbewussten hinabzusteigen, aus dem die Phantasien und inneren Bilder aufsteigen wollen, um Ihrem Leben neue Farben und Bewegung zu verleihen. In unserem Leben gibt es immer mal wieder Dürreperioden, wo wir in uns spüren, dass unser Weg derzeit hart und steinig ist. Doch wir wissen auch: Die Erde kann weich sein wie Mutters Brust. Wir ahnen insgeheim, dass auch in der größten und abgelegensten Wüste unterirdische Wasseradern fließen. Wir graben wohl nicht immer tief genug, um diese Schätze zu befördern, da wir manchmal Ziele haben, die – bei Licht betrachtet – ziemlich oberflächlich sind. Wir wissen weiterhin, dass auch die trockenste Wüste im Nu erblühen kann, strömt ergiebiger Regen auf ihren Boden und sollte dieser nach vielen Jahren der erste sein. So kann es auch uns ergehen. Nach vielen Jahren der Krankheit, des Leidens und des Misserfolgs kann auch auf karger Erde eine Blume wachsen, geben wir uns wieder Portionen voller Zuversicht. Dabei kann unsere Phantasie eine wichtige Rolle spielen. Denn, was in unserer Phantasie keinen Platz finden will, kann auch von uns nicht »gelebt« werden.

Garten
Schatzbeete

Der Garten ist der Ort, wo wir die Natur wohl am schönsten erfahren können. Dort können wir den Zyklus der Jahreszeiten unmittelbar nachvollziehen und erleben. Überall, wo Menschen sind, gibt es Gärten. Jede Kultur hat ihre eigenen Gartenformen entwickelt. Sie verraten, wie der Mensch seine Stellung in der Natur sieht. Der Name »Paradies«, der aus dem altiranischen Kulturkreis stammt, bezeichnet ursprünglich einen von einem Wall umgebenen Baumpark. Durch diese Grenze, die einen überschaubaren Bezirk aus der formlosen, ungestalteten Weite der Welt ausgrenzt, entsteht der Garten. Im Inneren kunstvoll angelegt und nach außen gegen die Wildnis, die ihn umgibt und ständig in ihn einzubrechen droht, gesichert, wird der Garten zum Sinnbild der Kultur. In der Geborgenheit des Gartens gestalten wir unseren Lebensraum bewusst mit. Immer begegnen wir dabei auch unserem Selbst. Gärten werden häufig als »Lebensgärten« angesehen, als Symbol für das Säen, Bearbeiten und Ernten des Lebens. In der Geborgenheit des Gartens gestalten wir unseren Lebensraum bewusst mit. Immer ist er auch ein Spiegelbild des Menschen, der ihn anlegt, pflegt und weiterentwickelt. Damit ein Mensch seelisch reifen kann, muss »Unkraut« entfernt und der Boden bewässert werden.

Die Phantasiereise »*Schatzbeete*« entführt Sie in einen Garten, den Sie als ein Symbol für Ihr Leben nehmen können. Er weiß von Regen- und Trockenzeiten, von Winterkälte und Sommerhitze, von Abschied, Trennung und Neubeginn.

Schatzbeete

Stelle dir vor, dein Körper, dein Geist und deine Seele, alles, was du bist, ist ein

- **Garten.**

Es soll dein

- **Lebensgarten**

sein. Ich wünsche dir, es ist ein großer, schöner Garten, ein guter Ort zum Träumen. Alte Bäume stehen schweigend da. Wie ein Raunen streift ein sanfter Wind die Wipfel. Die Luft riecht nach frischen Kräutern. Bunte Wiesenblumen leuchten dir entgegen.

- **Nicken dir nicht ihre Blütenkelche freundlich zu?**

Wasser flüstert geheimnisvoll an deiner Seite. Ein Bach begleitet dich. Die Füße gehen auf weichem Moos. Lasse dich bitte auch den Brunnen sehen und schaue nach:

- **Ist er gut gefüllt?**

Doch es gibt auch dunkle Flecken, harte Erde, abgestorbene Bäume, verwelkte Blumen, braunes Laub vom letzten Jahr. Unkraut wuchert hier und da. Dein Leben trug nicht nur reife Früchte. Es fiel dir nicht alles in den Schoß. Ich wünsche dir, du wirst jetzt zum

- **Lebensgärtner, zum Gärtner deines Lebens.**

Ordne, sammle, harke, jäte, grabe, stutze, schneide. Kürze, was zu sehr gewuchert, gib dem mehr Raum, was zu kurz gekommen ist. Säe Samen, die bislang nur selten in deinem Lebensgarten Heimat fanden. Lege

- **Schatzbeete**

an, Beete, in denen Schätze wachsen sollen: vielleicht Zufriedenheit und Treue, vielleicht Lebensmut, Humor oder Bescheidenheit, jedenfalls etwas ganz nach deiner Art. Gieße nun die Beete aus Krügen mit dem lichten Wasser aus dem tiefen Brunnen deiner Träume. Ich wünsche dir, in deinem Innenreich beginnt ein

• **Grünen und ein Blühen,**

das anhalten und wachsen kann.

Ich wünsche Ihnen,

dass Sie aus Ihrem Leben einen blühenden Garten machen und auch den rechten Zeitpunkt finden mögen, zu pflegen und zu versorgen, zu säen und zu ernten. Ist denn nicht die ganze Erde nichts anderes als ein großer Garten, eine wunderbare Mischung aus Natur und Kultur, in die wir hineingepflanzt wurden und bezahlten dafür keinen Cent? Ein Stückchen Erde ist doch für jeden von uns vorgesehen, wo Sie hingehören, wo Sie aufgewachsen sind, ein Stückchen Erde, wo Sie auch wirklich anwachsen können. Die kleine zarte Pflanze »Herzensbildung« in unserem Lebensgarten zu hegen und zu pflegen, sie ausgewachsen und blühend zu sehen, ist ein ganz tiefer Wunsch in uns allen. Wenn alles um uns und in uns herum wächst und blüht, können wir die Schatzbeete unserer Phantasie abschreiten und uns daran erfreuen. Wenn Sie zur Zeit empfinden sollten: »Alles um mich herum ist grau und schwarz, eintönig und monoton«, dann pflücken Sie einen bunten Strauß aus ihrem Lebensgarten und betrachten ihn: Blatt für Blatt, Blüte für Blüte und riechen Sie die Harmonie der Düfte.

Doch ein wirklich guter Lebensgärtner ist auch für andere da. Wer ist das Bäumchen, das Ihre Achtsamkeit und Ihren Schutz ganz besonders braucht? Lassen Sie es nicht verkümmern, aber überschütten Sie es auch nicht. Jeder trägt das Schicksal des anderen doch mit in seinen Händen.

Im Lebensgarten

Gerade eben noch haben Sie Schatzbeete angelegt. Ich wünsche Ihnen, dass die Saat in diesem Teil des Buches aufgehen möge.

Gleich werde ich Ihnen – natürlich auf phantasievolle Art – noch andere Eigenschaften vorstellen, von denen ich überzeugt bin, dass Sie aus Ihnen neue Kräfte schöpfen können, wenn Sie diese Eigenschaften aussäen, sie mit Wasser, Licht und allen Ihren guten Wünschen versorgen und sie beim Werden und Wachsen mit Ihrer Aufmerksamkeit begleiten. Jeder Tag unseres Lebens erhält doch stetigen Anwachs aus dem Wechsel von Grünen und Vergilben, von Befreunden und Vernachlässigen, auch dann, wenn unsere Zeit vermeintlich einförmig und eintönig verläuft. Fahren war dagegen prall bunte, erlebnisreiche Tage in unsere Scheune, können wir nicht auf einmal die ganze Ernte festhalten. Erst müssen wir wieder die Hände frei kriegen, damit sie Neues fassen können. Denn ein Anfang, ein Beginn hat immer einen Vorlauf, eine Geschichte, und bei jedem Ende nehmen wir etwas mit. Niemals starten wir bei Null, niemals fallen wir in ein bodenloses Nichts, auch, wenn uns das mitunter so vorkommt. Immer suchen wir auch nach Schlüssigkeit von Leben und sind auf Wahrheitssuche und auf eine sinnvolle Abfolge aus, wollen Antworten und betreiben Spurensuche. Denn wir haben Sehnsucht nach Sinn, nach logischer Abfolge. Wie brauchen einfach einen Weg, der zu etwas hinführt und nicht blind im Kreis verläuft. Wir brauchen und suchen Regeln für das Spiel des Lebens. Wir wissen: Manchmal müssen wir wenden, um weiter zu kommen. Manchmal benötigen wir neue Anreize und Perspektiven, die uns andere aufzeigen oder vorleben können, einen neuen Anstoß, um unserem Leben eine andere Richtung zu geben.

Wir brauchen aber noch mehr in den Schatzbeeten unseres Lebensgartens. Notfalls können wir unser Leben auch allein in Gang halten, doch soll uns das Leben zum Fest werden, brauchen wir ein angemessenes Verhältnis zwischen Geben und Nehmen, zwischen Kraftverfall und Energiegewinn, damit sich unser Leben einpendeln kann. Dazu möchte die Phantasiereise *»Energiewaage«* beitragen. Der darauf folgende Text ist eine Reise in Ihr Innenreich, die Welt Ihres Körpers, der Gefühle und Gedanken. Sie lautet: *»Seelenlandschaft.«* Die Phantasiereise *»Innerer Motor«* soll Freude in Ihnen entfachen, Sie mit Begeisterung antreiben, damit Bewegung, Frische und bunte Farben in Ihr Leben Einzug halten. Dann braucht es Mut, um ein *»Zimmer der Angst«* in Ihrem Innenreich einzurichten. Auf diese ungewöhnliche Art können Sie sich auf freundschaftliche und gewährende Art mit Ihren Ängsten und Sorgen auseinander setzen. Anschließend wünsche ich Ihnen, dass Sie *»Auf großer Fahrt«* viele Hoffnungszeichen finden. *»Der rote Raum«* meint Ihr Herz, die Liebe, die Sie auf ihrem Lebensweg eingesammelt und verschenkt haben und – auf diesem Weg – nach außen strömen lassen können. *»Der andere Teil«* meint einen Anteil Ihrer Persönlichkeit, mit dem Sie derzeit nicht einverstanden sind. Sie erhalten hier die Gelegenheit, sich mit ihm zu versöhnen. Geduld mögen Sie von der Muschel lernen. In *»Perlenkette«* geht es darum, Schmerz, Leid und Trauer auszuhalten und seelisch zu verarbeiten, bis wieder bessere Zeiten kommen. Eine Möglichkeit, wieder Glauben zu finden, können Sie in der Phantasiereise *»Aufbau«* erleben. Zum Abschluss dieses Teiles lassen Sie sich bitte auf die Sehnsucht ein. In *»Spiegelungen«* geht es um die innere Suche nach Liebe, Ganzheit und Vollendung.

AUSGEGLICHENHEIT
Energiewaage

Nehmen und Geben in eine Balance zu bringen, das ist ein Lebenswerk! Gerade in Zeiten des Umbruchs fragen wir uns: »Wie sieht unsere Lebensbilanz aus? Was haben wir erreicht? Was haben wir verloren? Was fehlt zum Glück?« Mal schlagen sich unsere Lebenspendel auf die Habenseite, mal schwenkt der Zeiger auf »Verlust« und droht, dort lange Zeit zu verharren. Auf welche Weise wir das werten, kommt natürlich auch auf unsere Ansprüche an. Kaum jemand ist ein Leben lang ein Glückspilz und nur wenigen klebt von der Geburt bis zum Tod das Pech an den Händen. Wie so häufig kommt es auf die Betrachtung an.

Wer sich häufig niederziehenden, lähmenden, unfruchtbaren Gedanken hingibt, der bringt das Negative in sich zum Schwingen. Denn allzu viel Zerrissenes ist in uns. Wir müssen die Einigung unserer Seele wollen. Sonst werden wir flüchtig und unstet. Nur wer ein gutes Gefühl für sich und seine Mitmenschen empfindet, lädt Sonnenschein und Freude in sein Leben ein. Wir können nur Freude, Liebe schenken, suchen wir in uns die Mitte, auch, wenn dies eine Lebensaufgabe ist. Finden werden wir sie wohl nur in Schatzsekunden. Doch allein die Suche hält uns in Bewegung. Wir sind dann auf der Pirsch wie ein Indianer.

Ich möchte Sie durch das Angebot des Bildes einer »*Energiewaage*« dazu anregen, sich die Frage zu stellen, wie viel an Lebenskraft sie verloren und gewonnen haben. Ist dies Verhältnis eher ausgewogen oder unausgewogen? Wagen Sie doch einfach, sich diesen Fragen zu stellen und wägen Sie ab:

Energiewaage

Stelle dir bitte

- **eine Waage**

vor, eine Waage mit zwei großen Schalen, eine Waage ganz aus deiner Phantasie. Und nun lege bitte in die linke Waagschale alles das hinein, was du getan oder auch gelassen hast, was dir nach deiner Meinung und Überzeugung schadete, was dich kränkte oder auch verletzte. Was immer dir auch einfällt und dir vor Augen kommt, lege es doch bitte hier hinein, in

- **die linke Schale.**

Du kannst das auf ganz reale Art und Weise tun oder auch Symbole dafür verwenden.

- **Denn dies ist eine ganz besondere Waage, die hier wiegt.**

Und nun wende dich mit deiner Aufmerksamkeit der rechten Schale zu. Und hier hinein lege bitte alles das, was du für dich Gutes tatest. Alles, was dir einfällt, und sei es noch so vage oder zunächst für dich verblüffend, lege bitte in

- **die rechte Schale.**

Ist auch das getan, dann tritt zurück, nimm Abstand. Wäge ab, nach welcher Seite sich jetzt die Waage neigt, nach der rechten oder nach der linken Seite?

- **Haben sich deine Schalen etwa auf gleicher Höhe, auf gleicher Ebene eingependelt?**

Wenn die Waage nach links gependelt ist, überlege doch, was du noch in die rechte Seite legen kannst, als guten Vorsatz für die nächs [illegible]

- **Balance**

herzustellen. Und in einem letzten Schritt prüfe doch für d[illegible] Ergebnis so für dich in Ordnung ist,

- **ob du damit leben kannst.**

Ich wünsche Ihnen,

dass Sie es sich ruhig gestatten, sich diese »Waage der Energie« öfters vorzustellen, um auf diese phantasievolle Art und Weise zu spüren, ob sich Ihre Gesundheit, Ihre Beziehungen, ihre Lebensressourcen insgesamt in einer gesunden Balance befinden. Ich denke, es geht doch in unserem Leben auch immer darum, die Mitte in sich zu suchen und zu finden. Selbstverständlich gibt es auch noch andere Möglichkeiten, sich auf phantasievolle Art Fragen zu stellen, wie Sie sich in ihrer jetzigen Lebensphase fühlen und was Sie für Ihren Körper und Ihre Seele Gutes tun können und was Sie ihm und ihr vielleicht noch vorenthalten. Sie können sich zum Beispiel ein »Energiebarometer« vorstellen. Steht der Zeiger auf der Schönwetterseite (hoher Druck), hieße das, dass Sie sich gegenwärtig auf der Sonnenseite des Lebens befinden. Bewegt sich der Zeiger im linken Feld (tiefer Druck), so prüfen Sie doch bitte nach, welche Möglichkeiten Sie sehen, diese dunklen Wolken aus Ihrem Leben zu verjagen. Eine andere Wahl besteht in der Vorstellung eines Energiethermometers. Grade im Minusbereich zeigen an, dass Sie sich derzeit in der Flaute befinden. Steht der Quecksilberspiegel aber im Plusbereich, befinden Sie sich im Aufwind.

Auf diese oder eine ähnliche Weise können Sie auch abwägen, ob Sie ein angemessenes Verhältnis zwischen Geben und Nehmen in Ihrem Leben vorfinden.

Neugier
Seelenlandschaft

Ist nicht unser ganzes Leben auf Neugier angelegt, auf die Lust auf Unbekanntes?

Wer Kinder im Fragealter hat, kann das Sich-Wundern und Staunen wieder neu lernen, wie groß, wie interessant und geheimnisvoll dieser Planet doch ist, keineswegs vollständig entdeckt, erforscht und »ausgefragt«. Jeder Tag kann ein »Griff in eine Wundertüte« sein, wenn die Neugier die Oberhand über Routine und Langeweile erhält. Der Schlüssel »Warum« öffnet verschlossene Türen, hinter denen sich Neuland verbergen kann. Neugier ist für unser Leben wie Brennstoff für das Feuer. Neugierigen Menschen ist kaum jemals langweilig. Sie genießen es, an der immer währenden Schöpfung teilzuhaben. Aber wenn wir uns interessieren, ist das Machen und Tun nicht unbedingt das Wichtigste. Das Entscheidende passiert einfach so nebenbei. Es geschieht von selbst: das Atmen, das Wachsen, das Reifen der Früchte, das Rieseln des Wassers, das Wandern der Wolken. Wir brauchen nichts dazu zu tun, außer uns mit Verliebtheit, Aufmerksamkeit, Neugier und Staunen erleben zu lassen, was alles um uns herum und in uns geschieht.

Seelenlandschaft

Stelle dir vor, dein Körper, dein Geist und deine Seele, alles, was du bist, ist

- **eine Landschaft ganz nach deiner Art.**

Und nun bereite dich auf eine ganz besondere Reise vor. Bitte wandere durch diese Landschaft. Als Gepäck hast du nur deinen Rucksack, voll gepackt mit

- **Neugier,**

auf dem Rücken.

- **Welche Landschaft liegt vor dir?**
- **Wie fühlst du dich an?**

Bei jedem deiner Schritte, die du tust, will sich deine Seele spiegeln, kann sich etwas öffnen, will sich etwas in dir wandeln. So ist es, bist du auf gutem Weg, dich in Seelenlandschaft zu vertiefen. Bevor du dich aufmachst auf deine Wanderschaft, lass mich dir Fragen stellen:

- **In welchem Alter fühlst du dich?**
- **Welche Kleidung trägst du?**
- **Welche Jahreszeit spürst du in dir?**
- **Welche Tageszeit mag es wohl sein?**
- **Welches Wetter?**
- **Kannst du den Boden unter deinen Füßen spüren?**

Nun wünsche ich dir eine gute Reise. Du weißt:

- **Die Landschaft ändert sich mit jedem Schritt,**

sowohl die äußere Landschaft als auch die innere. Du weißt auch: In deiner Phantasie ist nichts verboten, denn alles ist erlaubt. Du kannst in ihr sehen, hören, riechen, schmecken, fühlen. Dir können Menschen, Tiere, alle möglichen Gestalten begegnen. Ich bitte dich: Freunde dich mit ihnen an. Sie können dich auf deiner Wanderschaft begleiten, dir Schutz und Hilfe bieten. Noch eins: Lege immer wieder Pausen ein. So wandert es sich leichter. Und wenn du starke Ängste spürst: Halt ein, öffne deine Augen und löse dich so von Ihnen. Nun tue getrost den ersten Schritt mit Neugier im Gepäck. Ich wünsche dir:

- **Klopfe an alle Türen an.**
- **Wende jeden Stein.**
- **Schau nach links und rechts.**
- **Überwinde Hindernisse.**
- **Gewinne Freunde.**

Bitte: Gib dir die Erlaubnis und lasse dich ein.

Ich wünsche Ihnen,

mit dem Schlüssel »Warum« immer und immer wieder verschlossene Türen aufzuschließen, hinter denen sich unbekanntes Neuland verbirgt. Hinterfragen Sie doch möglichst häufig Alltag und Routine. Das beste Rezept gegen Langeweile und Überdruss ist die Verordnung der Medizin »Neugier«, die Freude am Entdecken. Neugier lässt uns innerlich aufräumen, Platz machen für eine andere als die gewohnte Ordnung, neue Inhalte und spannende Begegnungen. Die beste Garantie, dass wir im Leben befriedigende Ziele anstreben und erreichen können, besteht in unserer Bereitschaft zu suchen.

Ich wünsche Ihnen, in Ihnen glüht noch Neugier unter der Asche der Zweifel und der Verzagtheit. Viele Fragen warten doch noch auf Antworten. Offene Fragen gehen als Marschverpflegung mit, wohin auch immer wir uns wenden. Nie werden wir so einfach etwas los. Wir werden nur verwandelt. Haben Sie auch wirklich an alle Türen geklopft? Haben Sie auch wirklich jeden Stein umgedreht? Haben Sie gute Freunde gewonnen? Dann war die Reise nicht umsonst.

Freude
Innerer Motor

Kann man es nicht so sehen, dass wir allein aus drei Gründen geboren wurden: Die Art zu erhalten, zu lernen und uns zu erfreuen? Freude ist einfach eine gute Jahreszeit im Herzen. So gesehen kann man sie bildlich mit dem Frühling vergleichen, wenn in unseren Breiten die harte, kalte Erde aufbricht, sattes Grün und die vielen anderen Farben Frische, Helligkeit und Frohsinn versprechen. Ist die Freude gar jubelnd, reichen Worte gar nicht aus. In Freude drängt es uns über uns hinaus. Eine tiefe Freundschaft, eine Liebe, eine Arbeit finden: Ein tiefes »Dankeschön«. Dort, wo ein Zuhause, wo Nahrung, ein gutes Miteinander gefunden ist, kann schon ein Hauch von Freude sein; flötend oder singend, hüpfend oder händereibend. Freude ist vielleicht das Einzige, das wir Menschen in unserer Macht haben, egal, unter welchen Umständen wir geboren wurden, gegenwärtig leben und welches Schicksal wir letztendlich haben werden. Freude ist das Gütesiegel unseres Lebens, das Empfinden von Vollständigkeit. Jeder soll doch ein Stück davon haben, wenn er andere nicht schädigt. Natürlich hängt vieles, sehr vieles von den Umständen ab. Doch jeden Tag können wir auf einen Neubeginn hoffen. Jeder Tag kann ein Versprechen zum Besseren, jeder Tag ein Quantum voller neuer Chancen sein.

Die Phantasiereise »*Innerer Motor*« möchte dazu beitragen, Ihr Leben wieder in Schwung zu bringen, Kraft zu tanken, Aufwind zu spüren.

Innerer Motor

Stelle dir vor, in deinem Körper, deinem Geist und deiner Seele ist

- **ein Motor,**

der lange Zeit nur schwieg und so ein ruhiges Leben führte. So vieles ist nur noch Routine. Das Leben fließt in ruhigen Bahnen. Manches wurde wohl verpasst, doch vieles auch erreicht. Doch erinnere dich an früher: Da trieb er dich an zu neuen Zielen. Da zog es dich nach vorn. Da warst du spring-lebendig. Ist nicht noch Sehnsucht da nach Aufbruch und Veränderung? Ich wünsche es dir von ganzem Herzen. Denn nun

- **stelle deinen Motor an**

und drücke fest auf einen roten Knopf. Langsam ruckt es, zuckt es. Du spürst: Es kommt etwas in Bewegung. Er dreht sich schneller. Jetzt erst kommt er erst so recht auf Touren. Deine Batterie, die in der Pyramide bereits Energiezufuhr erhielt:

- **Sie wird durch deinen inneren Motor noch einmal aufgeladen.**

Doch ist das nicht alles, was er kann. Nun wirbelt er freundliche Gedanken und Gefühle auf so wie ein Ventilator. Da vorne ist ein Regler. Drehe ihn voll auf. Die Batterie ist inzwischen stärker. Der Motor zieht durch seine stete starke Drehbewegung in dir nun

- **Freude**

an wie ein Magnet. In allen Ecken und Winkeln deines Innenreichs wird sie nun geweckt und aufgescheucht. Sie wird nach vorn getrieben, nimmt Formen und auch Farben an, so dass sie nun im Focus steht und du dich fragst:

- **Was treibt mich an?**
- **Was beflügelt mich?**
- **Was gibt mir neue Kraft?**

Und nun gib ab von dir: Lass deine Freude auch nach draußen treiben. Es will doch ein jeder gut davon haben. Jetzt ist dein Motor erst auf vollen Touren. Die Batterie ist aufgeladen.

- **Nun öffne dich und sende Freude aus.**

Ich wünsche Ihnen,

dass Ihr innerer Motor Sie in Bewegung hält. Strom ist doch genug in Ihrem Körper. Den anderen und sich selbst positiv sehen, gute Arbeit leisten und dem anderen helfen! Das macht Laune! Kreativ sein, Ziele erreichen, in das Gelingen verliebt sein. Da lacht das Leben uns an! Immer wieder können Sie zum Freudenmeister werden, suchen Sie nach Schatzsekunden bei Ihrer Arbeit, in Ihren zwischenmenschlichen Beziehungen, bei Ihren Hobbys. Lassen Sie Ihr Gehirn vor Zufriedenheit summen, wenn Sie mit den Fackeln der Freude Neugier, Lust und Genuss anzünden und so – bildlich gesprochen – zu Hebammen der Zeit werden. Lassen Sie Ihr Herz pulsieren und das Blut in den Adern summen, wenn ein Docht statt mit Petroleum durch Freude getränkt und durch pure Begeisterung entflammt wurde. Über Freude soll man gar nicht viel reden. Man soll sie machen und haben. Allein schon die Vorfreude entzündet in uns ein Vorglühen, spornt uns an loszugehen, weiterzukommen. Freude öffnet uns für das Gute. Trieb uns nicht die Hoffnung auf Freude an, was täten wir dann überhaupt?

MUT
Das Zimmer der Angst

Die Angst ist der große Gleichmacher. Wer stets breitbeinig und unbeeindruckt von dem, was ihn umgibt, im Leben steht, hat viel davon. Wer auf keiner Party fehlt und stets ein flottes Sprüchlein auf den Lippen trägt, trägt schwer an ihr. Wer sich nicht einlässt und nicht mehr auf der Suche ist, hat sich gänzlich in ihren mitunter unsichtbaren Stricken verfangen. Das Gewand der Angst besteht aus bunten und aus grauen Stoffen, ihre Maske aus vielerlei Gesichtern. Daher ist sie so schwer zu fassen. Viele schleppen sie wie eine unsichtbare Schärpe hinter sich her. So wird sie zum Schatten, der das helle Tageslicht bedroht. In der Nacht überfällt sie uns mit drohenden Gespenstern. Könnten wir uns nicht besser vor ihr schützen, wenn wir sie ganz in unser Leben einlassen und ihr in unserem Haus Gastfreundschaft gewährten? In unserem Zuhause kennen wir uns aus und fühlen uns zumeist geborgener als draußen. Können wir unsere Ängste vor einem bestimmten Menschen oder vor einer bestimmten Situation nicht eher überwinden, wenn wir uns auf ihn oder sie einlassen? Auf diese Weise wird sie uns bekannter und damit vertrauter. Sie verliert so an Bedrohlichkeit. Als gute Gastgeber bieten wir ihr Speisen, Getränke und vielleicht sogar ein Zimmer an und geben unserer Angst auf diese Weise einen Teil von uns. Als höflicher Gast, der die Angst auch sein kann, wird sie uns dafür beschützen, uns auf wirklich selbstzerstörerische Abenteuer einzulassen. Denn: Auch das ist ihre gute Absicht. Auch das ist ihr tiefer Sinn.

Und nun begleite ich Sie mit meinen Worten in Ihr inneres Haus, in Ihr Innenreich. Dort können Sie neben vielen anderen Räumen auch das »*Zimmer der Angst*« aufsuchen.

Das Zimmer der Angst

Stelle dir vor, dein Körper, dein Geist und deine Seele, alles, was du bist,

- **ist ein Haus**

mit Zimmern, Fluren, Türen, Fenstern, Speicher und auch Keller. Bitte richte es so ein, dass du dich wohl fühlst in deiner Haut.

- **Es ist doch dein Zuhause.**

Nutze von Zeit zu Zeit die Möglichkeit, dir Gäste einzuladen. Gute Freunde sind doch immer hoch willkommen.

- **Gib diesen ganz besonderen Gästen Gestalten und Gesichter.**

Und wenn du nun in dir zufrieden bist, habe ich noch eine Bitte. Richte auch ein Gästezimmer ein für

- **deine Angst.**

Beweise Mut! Lasse sie in dir wohnen! Gewähre Gastfreundschaft auch für sie! Sie gehört ja ohnehin zu dir. So könnt ihr euch besser kennen lernen. Sie ist ja nicht dein Feind. Es gibt gute Gründe, sie zu treffen. Du weißt: Genau wie du kann sie vielerlei Gesichter und Gestalten tragen. Zuweilen schützt sie dich, mal sitzt sie dir im Nacken, mitunter treibt sie dich zu Mut und Tatkraft an. Nun schau ihr offen ins Gesicht.

- **Ich wünsche euch, ihr seid nun zusammen im Gespräch.**

Wenn du möchtest, kannst du sie zum Schluss umarmen. Vielleicht könnt ihr ja irgendwann mal Freunde werden,

- **wo die Angst doch in dir wohnt und nun dein Untermieter ist.**

Ich wünsche Ihnen,

Sie sind sich beide näher gekommen, Sie und Ihre Angst. Ein gutes Gespräch ist Balsam auch für Seelenwunden. Wir Menschen empfinden Angst vor dem, was vor uns liegt. Ist die Prüfung überstanden, fällt die Angst ab wie ein nasser Sack. Es gibt doch immer gute Gründe, sich zu trauen. Bei der Angst gilt: die Tür geht nach innen auf. In jedem stecken Kräfte, sie zu überwinden.

Ich wünsche Ihnen weiterhin viel Mut, Tatkraft und Gelingen in Ihrem Leben. Nehmen Sie die Angst als guten Wegbegleiter mit! Denn wird sie ignoriert und kaum beachtet, wird sie uns früher oder später umso mehr in ihren starken Armen klammern. Hat sie schon zu viele schwarze Tintenkleckse über unser Heft des Lebens gegossen und sehen wir nur noch schwarz, dann hat sie schon von uns Besitz ergriffen. Der Daumen geht nach unten, werden kleine Ungeschicklichkeiten zur großen Tragödie ausgewalzt.

Wir wissen: Der Prellbock Angst birgt als Kern die Angst vor dem Tod in sich. Dies erkannte bereits der altgriechische Philosoph Epikur: Doch für ihn konnte sogar der Tod die Lebenslust nicht mindern, denn: »Solange wir sind, ist der Tod nicht; und wenn der Tod ist, sind wir nicht mehr.«

Gelassenheit
Im Auge des Orkans

Gelassenheit ist eine wichtige Ressource, eine kraftvolle Haltung zum Leben, eine seiner Quellen und Grundströmungen. Gelassenheit bedeutet auch, hin und wieder einen liebevollen Blick auf uns selbst und unsere Umgebung zu werfen, gelegentlich uns selber und anderen zuzulächeln. Sie bekümmert sich um Liebe, um ein »ja« zu sich selbst, um ein »ja« zum anderen, um ein »ja« zur Schöpfung, zum Leben. Denn wer sich keine Zeit in seinem Leben nimmt, wird immer wie ein gehetztes Tier von einer Aktion zur nächsten hecheln, rund um die Uhr arbeiten und sich dabei verschleißen. Wie ein mechanisches Uhrwerk wird er nach fremden Gesetzmäßigkeiten funktionieren, bis das Uhrwerk eines Tages bricht, denn Gehetzte lachen nicht. Sie jagen und rechnen. Gelassenheit, lustvoll erlebte Pausen, Mußestunden dagegen bedeuten die Chance, bei sich selber anzukommen. Die Zeit läuft nicht weg, will man einem Kind den Regenbogen zeigen; aber der Regenbogen, der wartet nicht. Vielleicht mag es zunächst wie Rückzug und Schwäche aussehen, doch bald wird man der Beneidete, ein Vorbild. Zeit ist eben kein zäher Brei, in dem man langsam versinkt. Zeit ist Frist, eine begrenzte Summe an Gelegenheiten, Frucht zu bringen und Frucht zu genießen. Doch bitten wir lieber nicht um zu viel davon. Bitten wir lieber um viele Augenblicke von Gelassenheit, Selbstbestimmtheit und Umsicht.

Die nächste Phantasiereise heißt »*Im Auge des Orkans*«. Bitte geben Sie sich Zeit. Bleiben Sie gelassen, suchen Sie Ihre Mitte, wenn alles um Sie herum zu schwanken scheint.

Im Auge des Orkans

Stelle dir vor,

- **du sitzt auf einem Hügel**

mit gekreuzten Beinen auf dem Boden. Du fühlst dich jetzt ganz anders an. Du spürst:

- **Dein Körper ist aus purem Glas und innen leer und unbeweglich.**

Man kann in dich sehen, du versunken in dich selbst in einem Körper aus purem Glas. Nur das, was dich umgibt, verändert sich.

- **Du selbst bleibst völlig ungerührt.**

Zunächst fängt es ganz leise an, ein Sirren in der Luft von ferne. Um dich herum bewegt es sich. Ein Wind kommt auf. Er wird zum Sturm. Du spürst ein Beben, hörst ein Zischen, Brausen. Die Welt um dich herum gerät aus allen Fugen.

- **In deiner Mitte ist es still.**

Der Wind wird zum Orkan. Er greift zu mit seinen scharfen Pranken. Bäume krachen tosend auf den Boden. Aus tief schwarzen Wolken brüllen Donner. Blitze zucken. Der Sturm rast über Mensch und Tier. Doch du sitzt ungerührt und unbeweglich in deinem Körper aus reinem Glas.

- **In deiner Mitte ist es still.**

Der Sturm ebbt ab und langsam wird es immer ruhiger. Die Natur gewinnt an Freundlichkeit. Du sitzt in deiner Haltung aus purem Glas auf einem Hügel und schaust von dort aus mit unverhülltem Blick auf

- **wogende Sonnenblumenfelder,**
- **rote Klatschmohnwiesen,**
- **den stillen Silberspiegel eines Sees.**

Und spürst dabei:

- **In meiner Mitte ist es still.**

Ich wünsche Ihnen,

dass Sie allen Aufregungen und Anforderungen, die das Leben mit sich bringt, mit immer mehr innerer Ruhe und Gelassenheit begegnen. Den Fahrschein für den Zug nach drüben hat jeder von uns in der Tasche, irgendwann und irgendwie. Doch: Ist die Tiefe des Erlebens und Erfahrens nicht wichtiger als die Länge der Lebenszeit? Intensiver als Jahrzehnte können glutvolle Stunden sein, die Lust zu leben in unsere Seele brennen. Natürlich stehen wir alle irgendwie und irgendwo im Dienst des Lebens, um gut von ihm zu haben. Vieles, oft zu vieles muss noch getan werden, aber das stärkste Tun kann das Lassen sein. Mehr als an einem Ort zugleich können wir Menschen ohnehin nicht sein. Wenn es Tag ist, so ist dies eine gute Gelegenheit zu handeln. Dafür haben wir unser Wachbewusstsein sowie Arme, Hände, Beine, Füße. Ist es Nacht, so wollen diese ruhen. Denn morgen ist ja wieder Tag. Der Tag bringt es so mit sich, dass er uns Geschichten erleben lässt. Diese Geschichten wollen dann nachts in aller Ruhe und Gelassenheit für sich erzählt sein, damit wir sie auch in guter Erinnerung behalten können. Nach der Nacht warten dann wieder die Tagsachen früh genug auf jeden von uns.

Hoffnung

Auf großer Fahrt

Lustig kann man wohl auch ohne Hoffnung sein. Böen von Gelächter kann man ernten ohne sie, richtig fröhlich sein dagegen kaum. Hoffnung braucht einen weiten, klaren Horizont, einen festen Boden unter den Füßen. Wir spüren dann besser: Da wächst was nach, da ist wieder etwas am Werden. Es gibt Zeiten, da kann einem die Hoffnung wahrlich ausgehen. Alles, was wir denken und tun, bleibt Stückwerk. Wir sehen uns auf absteigendem Ast, sehen Jugend, Gesundheit, Konto, Aufmerksamkeit dahinschmelzen. Dann zieht und zerrt es und das Leben lastet auf uns. Oft sind wir verspannt und leiden Pein. Dann sind wir wie krummes Holz. Oft will es in uns zusammensinken. Dann hilft kein eiserner Wille mehr. Der macht höchstens stocksteif. Doch wenn als Sehnsucht im Herzen die Hoffnung bleibt, ist noch lange nichts verloren. Hoffnung, unser innerer Motor, hält uns in Suchbewegung. Etwas zieht uns dann wie ein Magnet nach vorn.

In der nächsten Phantasiereise »*Auf großer Fahrt*« möchte ich Sie dazu ermuntern, möglichst viele Hoffnungszeichen zu sammeln.

Auf großer Fahrt

Stelle dir vor,

- **du bist auf einem Segelboot.**

Ich wünsche *mir*, du lässt es

- **»Hoffnung«**

heißen. Ich wünsche *dir*, der Wind frischt auf, so dass es mit geballten Segeln aus dem Hafen treiben kann. Auch, wenn du kein Segler bist, so trägt die Phantasie dich sicher weiter. Denn sie gibt die Richtung vor. Die Fahrt geht durch

- **das Meer der Seele**

und steuert in dir neue, ungewohnte Ziele an, wo du Hoffnungszeichen sammeln kannst. Der erste soll ein Hafen sein, wo du dich bitte Zeichen finden lassen kannst für

- **ein Problem in deinem Leben, das schon zu lange auf dir lastet,**

so dass es Zeit wird, nun Entscheidungen zu treffen. Ankere dein Schiff. Weißt du nicht weiter, so sind hier viele Menschen, die dir raten können.

- **Du brauchst nur auszuwählen, wen du ins Vertrauen ziehst.**

Nun kann die Fahrt ruhig weitergehen. Der Wind spielt gut gelaunt mit Möwen, Wellen und dem Segelboot. Du siehst auf einmal: Etwas treibt nun auf dich zu. Fische es aus dem Wasser. Ich wünsche dir, es kann ein Hoffnungszeichen sein, das du brauchst,

- **um dich von einer lästigen Angewohnheit zu lösen.**

Nimm es mit auf deiner Fahrt. Und weiter geht die Reise. Nun lasse dich sehen, wie vor dir deine Insel ist. Steuere auf sie zu. Ziehe dein Boot auf festen Sand und erkunde deine Insel neu, du weißt schon, auf der Suche nach Hoffnungszeichen, die dir dabei helfen mögen, dich in der Inseleinsamkeit

- **von einem Mensch zu lösen, der nicht in dein Leben passen will.**

Und nimm auch diese mit nach Hause und steuere nun zum guten Schluss wieder deinen

- **Heimathafen**

an. Hier liegt das Segelboot, das »Hoffnung« heißt, sicher und geborgen und kann getrost in dir vor Anker gehen.

Ich wünsche Ihnen,

Sie haben genügend Hoffnungszeichen gefunden. Wenn nicht, so suchen Sie doch bitte weiter. Um neue Energie zu tanken, um zu neuen Kräften zu kommen, um neue Ziele anzusteuern, benötigen wir sie – die Hoffnung. Die kleine zarte Pflanze »Hoffnung« in unserem Lebensgarten zu hegen und zu pflegen, sie aufwachsen und blühen zu sehen, ist ein ganz, ganz tiefer Wunsch in uns allen. Hoffnung ist für das Leben wie Sauerstoff für die Lunge. Manchmal können wir Hoffnung auf Besserung, auf Gesundung, auf Glück ganz deutlich in uns spüren. Das sind dann Schatzsekunden! Wer keine Hoffnung hat, erstickt an der Gegenwart. Wir brauchen sie wie Luft zum Atmen, damit der Tag ins Rollen kommt, damit unser Leben Zugewinn an Sinn erhält. Viele Fuder Hoffnung in die Scheune fahren, und dann Erntedankfest! Alle Segel hissen, damit unser Lebensschiff an Fahrt gewinnt und günstige Winde uns sicher in den Heimathafen pusten! Dort sicher ankern, träumen, schlafen, Erholung, neue Kräfte bunkern und dann wieder auf und – mit Gelassenheit und Mut – neue Ziele ansteuern! Weiß Gott! Das wünsche ich Ihnen!

Liebe
Roter Raum

Sind wir nicht alle begierig, ja, geradezu süchtig nach Liebe? Vom Säugling bis zum alten Menschen brauchen wir Zärtlichkeiten, mit Worten und mit Händen. Gerade die Liebe lechzt nach Vertrauen, nach Fürsorge und Hingabe, nach Geben und Danken, nach Herz und Innigkeit. Ja, es ist wahr: Viel Leid und Not sind in der Welt. Jeden Tag erfahren wir von neuen Hiobsbotschaften: Kriege, Flutkatastrophen, Dürreperioden, Vulkanausbrüche, Verkehrsunfälle. Man mag daran verzweifeln. Doch gibt es noch viel mehr Liebe in der Welt. Davon steht weniger in der Zeitung. Allein das Zeugen und Nähren, das Betten und Pflegen, das Mitleiden und Zuhören, das Trösten und Schenken – nicht nur zur Weihnachtszeit – kündet von Menschlichkeit, Geduld und Liebe. Diese großartige Fähigkeit von uns Menschen zu lieben, müssen wir nicht erst erwerben. Sie ist von Anfang in uns, in unsere Menschenherzen eingegossen. Sie ist die Quelle aller Freude. Quellwasser fließt immer sauber aus der Erde. Erst später – im Fluss des Lebens – wird es verunreinigt. Dort schwimmt Treibholz des Neides, der Missgunst, bildet sich dunkler Schaum aus Schadenfreude und Gier. Doch haben wir Herzensbildung erworben, können wir immer wieder Filter einbauen und Netze auswerfen, auf Leuchtbahnen der Hoffnung schreiten, um uns zu reinigen und uns immer wieder öffnen, zu dir, zu mir, zur Liebe hin.

In der nächsten Phantasiereise »*Roter Raum*« wünsche ich Ihnen: Öffnen Sie Ihr Herz. Sammeln und verströmen Sie Liebe, was immer Sie darunter auch verstehen mögen.

Roter Raum

Stelle dir vor, du bist in

- **einem roten Raum.**

Es ist der Raum in deinem Herzen. Hier soll Platz genug sein für alle Dinge, an denen es gehangen hat und hängt.

- **Umhülle alles dies mit deiner Liebe.**

Ich wünsche dir, du schließt noch einmal deine Augen und schaust in dieser angenehmen Haltung bis auf den

- **Grund des Spiegels deines Herzens.**

Von ihm aus strömt die tiefe Kraft, die wir Menschen »Liebe« nennen. Sie bündelt sich in vielen Spiegeln und fließt wie ein warmer Strom durch deinen Körper.

- **Sie nährt und reinigt jede Faser, jede Zelle.**

Und nun hege liebevolle Gedanken für Natur, für Mensch und Tier, für die Schöpfung, in die du hinein geboren wurdest. Ich wünsche dir, du malst in deinem roten Herzensraum

- **liebevolle Bilder.**

Und nun gib ab davon. Sende deine Liebe. Verströme dich. Spüre, wie die Liebe in dir dennoch bleiben kann. Sie nimmt nicht ab.

- **Du wirst noch reicher werden, wenn du sie verschenkst.**

Weite nun den Kreis aus. Sende deine Liebe als Kraftstrom weiter nach draußen zu allen Menschen in deiner Umgebung. Achte dabei nicht darauf, ob du mit ihnen auch einverstanden bist. Geht große Liebe nicht über alles hin?

- **Lasse sie sich wie ein Schwall über jedes »Ja« und »Nein« ergießen.**

Weite den Kreis noch einmal aus. Sende die Liebe nun auch auf die ganze Welt. Sende deine Liebe rund um die Erde.

- **Lasse die Erde völlig durchdrungen sein von deiner Liebe.**

Ich wünsche Ihnen,

Sie ziehen den satten, gelben, süßen Honig aus Ihrem Leben. Sie genießen die Liebe in vielen Formen und Farben. Die ganze Erde scheint uns mit Himmel vollgepackt, haben wir eine große Liebe gefunden. Natürlich – die Liebe kann uns ausgehen wie alles andere auch. Jede Berührung kommt dann an als Wärmeverlust, alles Sich-Kümmern bleibt Stückwerk. Allem Irdischen drohen Reibungsverluste. Jedes Erreichte ist schnell ermüdbar. Doch als Sehnsucht bleibt die Liebe. Sie treibt uns an, hält uns in stetiger Suchbewegung. Etwas in uns zieht uns dann unweigerlich nach vorn. Dieser Magnet ist die Liebe! Freuen Sie sich, geliebt zu werden und zu lieben.

Da wird was draus, streben Sie im Innersten Ihres Herzens nicht nach Lottogewinn und dickem Konto, sondern nach Liebe, Liebe, Liebe. Denn: Ist Geld zu sparen und zu horten etwas anderes als Ersatz für nicht eingesammelte Liebe? Bedauern Sie auf Ihrem Sterbebett etwa, nicht mehr Stunden im Büro verbracht zu haben? Nein, nicht Geldfischen, Erfolg und Ruhm treibt uns letztlich an. Es ist der Wunsch, in »Wonneworten« zu baden, es ist der Wunsch, im Herzen und an der Haut innig berührt zu werden.

Freundschaft
Der andere Teil

Unser wahrer Hunger ist nicht nach Kalorien, sondern nach Verbundenheit ausgerichtet. Darum pulsiert in uns die Sehnsucht nach Freundschaft. Wir wollen gemocht sein, wollen anderen etwas bedeuten. Denn Menschen, die zuhören, halten uns am Leben. Wenn Leid Sprache gewinnt, wird kein Elend daraus. Zwei sind immer besser als eins.

In unserem Leben begegnen wir von Geburt bis zu unserem Tod ganz verschiedenen Menschen, Tieren, anderen Geschöpfen und Dingen, die unser Dasein beeinflussen. Manche begleiten uns ein Leben lang, andere sind Weggefährten auf Teilstrecken unserer Pilgerfahrt, die Leben heißt. Sie helfen uns, den eigenen Weg zu suchen und zu finden, auch, wenn wir dies zunächst nicht so empfinden mögen. Großeltern, Eltern, Geschwister, andere Verwandte, Kinder und Freunde begleiten uns auf ihre Art zu denken, zu fühlen und zu handeln. Tiere schenken uns ihr blindes Vertrauen, unbedingte Zuneigung und Liebe. Denn Freundschaft muss man nicht machen, sondern merken. Wir alle haben doch einander etwas zu geben und können gut voneinander haben – das Mögen ist der Schatz. Freundschaft ist, weil Herz zum Herzen spricht. Aber Freundschaft ist auch Hingabe, Aufgabe.

Aus vielen Anteilen bestehen wir und sind nur selten mit uns einig, in einem Guss geprägt. In unserem Innenleben raufen sich so viele Teilpersönlichkeiten; sie miteinander zu vereinen, das ist ein Lebenswerk.

Sich selbst der beste Freund sein! Dann ist auch noch genügend Kraft für andere da.

In der Phantasiereise »*Der andere Teil*« möchte ich Sie nun mit Anteilen Ihrer Persönlichkeit zusammenführen, mit denen Sie nicht einverstanden sind, mit Teilen, die oft ein Eigenleben führen.

Der andere Teil

Stelle dir vor:

- **Es ist eine laue Sommernacht und du sitzt auf einer Bank in deinem Lebensgarten.**

Diese Nacht ist mild und klar wie selten nur. Gut fühlst du dich, gut durch ihr Zelt beschützt! Die Sterne sehen aus, als tanzten sie am Himmel. Wende dich ihnen zu – ist dir so, als winkten sie zurück? Sternschnuppen fallen vom Himmel.

- **Was ist dein größter Wunsch?**

Du siehst ihn schon von weitem kommen. Er setzt sich neben dich. Du weißt:

- **Es ist Teil von dir, der dir die Hände reicht.**

So viele Teile sind in uns und führen von Zeit zu Zeit ihr Eigenleben. Da ist der Zaghafte und Ängstliche, der uns zittern lässt. Da ist der Sparsame und Geizige, der nichts aus den Händen lassen, sich nichts vergeben will. Da ist der Leichtsinnige und Übermütige, der blindlings Gefahren übersieht. Da ist der Überdrüssige und Schwermütige, der Farben und Freude verneint.

- **Welcher Teil ist wohl bei dir gemeint?**

Nachts kann man wohl am klarsten sehen. Das Tageslicht ist viel zu hell, um durchzublicken. Nun schaut euch unverwandt in eure Augen.

- **Wollt ihr euch gegenseitig etwas anvertrauen?**
- **Möchtest du ihm etwas von dir geben?**
- **Gibt er dir auch etwas von sich?**
- **Möchtest du nicht, Hand in Hand mit ihm, in den Sommermorgen wandern?**

So könnt ihr euch viel besser kennen lernen und mehr Verständnis füreinander haben.

Ich wünsche Ihnen,

dass es Ihnen immer besser gelingen möge, sich selbst der beste Freund zu sein. Denn gehen Sie nicht gut mit sich selber um, so werden dies auch andere tun.

Sich selbst besser kennen zu lernen, seine Teilpersönlichkeiten zu entdecken, um mit ihnen vertraut zu sein, öffnet Wege zu einer Freundschaft mit sich selbst.

Das menschliche Leben birgt viele Sackgassen und Widerstände. So manches Mal hilft ein guter Freund weiter. Ergänzungsbedürftig ist doch ein jeder von uns und zwei sind allemal besser als eins! Glaube, Hoffnung und Liebe öffnen uns weitere Brücken, mit denen wir Widerstände überwinden können. Wir werden glücklich, indem wir glücklich machen. Wir sind sozial geeicht, wollen gemeinsame Sache machen; auch die Neigung, gemeinsam etwas zu bewirken, zu schaffen, zu helfen, ist genauso wie die Liebe von Anfang an in unsere Menschenherzen eingegossen. Und so müssen wir uns immer wieder aufmachen zum anderen hin, sich an seiner Freude entzünden, sich an seiner Wärme erfreuen, seinen Hunger stillen. Sehnen wir uns nicht alle zu einem »Du« als Hilfe? Auch selber sammeln, ausstreuen: Gesten, Blicke, Bilder, Lieder, Worte, Taten, die den Nächsten und Sie selbst im Auge haben! Auch hier ist Epikur ein Lehrmeister. Seine Lehre verlangt eine Hinwendung zum Mitmenschen, die wiederum die gesellschaftliche Entwicklung fördert. »Ein Gärtchen, Feigen, ein kleiner Käse und dazu vier gute Freunde.« Darin bestand die Genusslehre Epikurs.

Geduld
Perlenkette

Alles, worauf wir reagieren, sind letztlich Spiegelungen unserer Innenwelt. Um in sie einzutauchen, bedarf es der Stille, der Geduld. Mit Geduld und innerer Versenkung können wir das Sehen mit dem inneren Auge und das Hören mit dem inneren Ohr erfahren. Muscheln sind solche Urbilder der Versenkung in das Innenreich. Wir brauchen Muschelhäuser, um Perlen des inneren Reichtums bilden zu können, um Schutz und Halt zu erfahren. Muschelhäuser sind Kraftorte der Seele. Im Muschelhaus liegt eine Schatzhöhle. Geheimnisse und Schätze brauchen einen geschützten Ort. Daran will uns das Muschelhaus erinnern. Es ist eine Höhle der Geborgenheit, ein Ort der Kraft, eine Stätte der Neugeburt. Geheimnisse wollen in Stille und Geduld betrachtet, meditiert, gemalt, besungen und getanzt werden. Geheimnisse sind unergründlich. Deshalb halten sie uns in Bewegung.

Die nächste Phantasiereise lautet »*Perlenkette*«. Sie möchte dazu beitragen, dass Sie die Verwundungen und Verletzungen, die Ihnen das Leben zugefügt hat und noch zufügen wird, auf eine wundersame Art und Weise veredeln. Bitte geben Sie sich die Erlaubnis und betreten Sie in der Phantasie Ihr Muschelhaus.

Perlenkette

Stelle dir vor, dein Körper, dein Geist und deine Seele, alles das, was dich ausmacht, verwandelt sich in

- **eine Muschel, ist ein Muschelhaus.**

Wähle in deiner Phantasie eine Muschel aus, die zu dir passen will. Es kann eine kleine, unscheinbare sein, aber auch eine große, prächtige Südseemuschel, jedenfalls

- **eine Muschel, die dir am Herzen liegt.**

Und nun spüre, wie du verletzt wirst, wie ein Schmerz in dich eindringt, ein grobes, falsches Wort durch einen Menschen, der dich liebt, Pfeile, tiefe Stacheln eines Feindes, grobe Ungerechtigkeit, jedenfalls etwas,

- **das eine tiefe, schmerzhafte Wunde in dir hinterlässt.**

Und nun umhülle diesen tiefen Schmerz in dir mit Ringen aus Perlmutt, damit er sich runden kann und so

- **erträglich für dich wird.**

Auf diese wunderbare Art und Weise bilde Ringe und schließe Verwundungen und Schmerzen. Umhülle sie. So erhält deine Seele Anwachs aus Wechsel und aus Wandel, durch Grünen und Vergilben, durch Wachsen und Vergehen, durch Abschied und durch Neubeginn. Die Wunden und Narben der Vergangenheit: Sie sind ein Teil von dir. Sie sind in unsere Menschenherzen eingegossen. Doch nun veredle sie. Umhülle sie mit Schichten aus Perlmutt. Du weißt: Das braucht Geduld und Zeit. Doch nun umarme auf diese wunderbare Weise deinen Schmerz. Ich wünsche dir: Irgendwann einmal kannst du spüren,

- **wie sich eine Perle in dir bildet.**

Du weißt: Deine Seele ist noch in den Lehr- und Wanderjahren. Du wirst noch oft verletzt, noch oft im Innersten getroffen werden. Das macht ein Menschenleben aus. Doch du weißt auch: Trifft dich ein Schmerz in deinem Muschelhaus, in deinem Innenreich, so umhülle ihn mit vielen Schichten aus Perlmutt, so dass im Laufe eines Lebens gut und gerne eine ganze

• **Perlenkette**

daraus werden kann.

Ich wünsche Ihnen,

dass Sie von den Muscheln lernen mögen. Denn ihre Perlen sind Früchte der Geduld, der Langmut, des Ausharrens und des stillen Bewahrens. Auch Perlen werden – wie alles im Leben – nach vielen, vielen Jahren an Glanz einbüßen, an Schönheit verlieren. Doch noch leuchten sie. Perlen sind verwandelter Schmerz. Um das Sandkorn in eine Perle zu verwandeln, bedarf es vor allem der Geduld. Geduldig sein heißt nicht: alles zu dulden, sich alles gefallen zu lassen und Demütigung hinzunehmen. Im Vertrauen auf die geheimnisvolle Kraft der Verwandlung ist die Muschel stark und beharrlich. Sie lässt sich nicht so leicht enttäuschen und gibt die Hoffnung niemals auf. Sie wirkt im Stillen, aber mit Entschiedenheit. Perlen wachsen nicht in wenigen Tagen, und der Schmerz ist nicht im nächsten Augenblick überwunden. Alles braucht seine Zeit. Unendlich langsam wächst die Perle in ihr. Doch eines Tages wird der Schmerz in ihr und uns nur eine feine Gedächtnisspur sein, bis er sich schließlich ganz in der Erinnerung verliert. Dann werden wir eine reine Perle sein. Doch noch ist der Weg weit. Doch auch der längste Weg muss mit einem ersten Schritt begonnen werden. Ich wünsche Ihnen viel Geduld und Beharrlichkeit auf Ihrer Pilgerfahrt durchs Leben!

Glaube
Aufbau

Die Menschheit ist gebeutelt von Aids bis Zyankali, aber der Glaube ist bei uns, er ist der große Antreiber! Ist Glaube nicht das Grundwasser aller Brunnen, aus denen sich unser Leben speist? Jedenfalls ist er genau das Gegenteil von Trägheit, Passivität, Missmut und Sich-Abfinden, ein willentliches Desinteresse an der Welt, wie es heute um sich greift. Glaube ist auch das Gegenteil von Gefühlskälte, von Zynismus, der alles den Bach runter redet. Wie kommt es zum Glauben? Muss man nicht einfach tollkühn in ihn reinspringen wie in eine große Liebe? Und doch: Ob von Kindheit an dazu hin geboren, als Erwachsener dahin gezogen oder als alter Mensch als Geschenk bekommen: die Probe kommt. Sie kommt bestimmt. Katastrophenmeldungen, Verlust des Arbeitsplatzes, Armut, Krankheit, Verluste verschiedenster Art säen Zweifel. Glaube und Unglaube können so nah beieinander wohnen. Doch was hilft? Gegen sichtbares Scheitern neue Chancen setzen, auch dann, wenn man noch kein klares Bild vor Augen hat! Und immer wieder auf Menschen zugehen! Denn der ursprüngliche Sinn von Religion ist nicht nur, den Menschen mit Gott in Verbindung zu bringen, sondern auch den Kontakt zwischen den Menschen herzustellen. Bei aller Skepsis immer wieder spüren, dass wir zu einem Gott gehören. Wir müssen wollen, müssen uns wollen. Wille und Hoffnung sind die Segel unseres Lebensschiffes. Aber der Wind für gute Fahrt ist der Glaube.

In der nächsten Phantasiereise »*Aufbau*« möchte ich Sie dazu ermuntern, immer wieder einen neuen Anfang zu wagen, auch, wenn die Stützpfeiler des Glaubens brüchig geworden sind.

Aufbau

Stelle dir vor, du stehst vor einem

- **Bauwerk, das vor langer Zeit zerfiel.**

Jetzt sieht es wie eine Ruine aus. Doch einstmals muss sie schön gewesen sein. Verlust und Abschied nahmen zu. Lachen und Freude wurden selten, so dass das Bauwerk Glauben brüchig wurde. So leierte wohl manches aus, Kitt und Mörtel wurden locker, Stein um Stein verschob sich, Mauern fielen. Die Fenster wurden blind, Türen fielen aus den Angeln, Eisen setzte Rost an. Das Unkraut wucherte, so dass diese Ruine nur schwer zu finden war. Du weißt: Alles, ein jedes wird zerfallen. Wir können ordnen, putzen, räumen, wieder ordnen ..., es vergeht, zerfällt unter unseren Händen und sind wir noch so fleißig. Doch der Glaube lässt uns Menschen hoffen, dass unser Leben trägt, dass nicht blinder Zufall waltet. Wir haben gute Gründe zu glauben, dass alles, was mit uns geschieht, einen tiefen Sinn in sich birgt, auch wenn wir oft an Grund und Boden, sogar am Himmel zweifeln. Doch nun: Stelle dir vor, dein Körper, dein Geist und deine Seele, alles, was du bist, ist das, was diese Ruine einst gewesen ist: Eine

- **Kapelle, ein Raum des Glaubens.**

Nun zünde eine Kerze an, setze dich und falte deine Hände. Denn:

- **Sind es nicht die Hände, die die meiste Arbeit tun?**

Jetzt gönne ihnen eine Pause, denn sie wollen Kreise schließen. In dieser inneren Versenkung sind die Sinne schärfer als gewohnt, denn sie suchen Sinn. Sie suchen Antworten

- **auf deine Fragen, in der Welt zu sein.**

Doch nun schaue nach vorn und baue auf. Packe an. Suche nach neuen Wegen auf einer inneren Suche nach

- **Bildern, Quellen, Brunnen, Bauwerken eines tiefen Glaubens.**

Und nun öffne wieder deine Hände. Sie haben sich erholt. Erlöse sie. Ich wünsche dir, du baust nun wieder, renovierst. Beginne an dem Fundament des Glaubens, denn:

- **Nur auf diese Art und Weise werden andere Ebenen sicherer.**

Ich wünsche Ihnen,

dass Glaube wie Kraftstoff auf Ihre Seele wirken möge. Umarmen Sie das Leben. Das macht süchtig! Gute Zeiten – schwere Zeiten! Alles dies gehört dazu. Mit weniger auskommen, Hetze lassen, mehr nachdenken, weniger raffen, mehr sein, mehr füreinander da sein – aus Überzeugung und aus Not. Wir werden doch immer wieder an den Anfang zurückgeworfen, halten uns fest, probieren neue Wege aus. Das Wesen des Glaubens besteht doch darin, mit dem Leben zurechtzukommen, so dass das Leben mit uns zurechtkommt. Immer wieder Bojen setzen, um in die richtige Richtung zu kommen, immer wieder Segel hissen, um Fahrt aufzunehmen, immer mal wieder Anker auswerfen, um anzukommen und innezuhalten. Und immer wieder Brücken bauen zu mir, zu dir, zur Liebe hin!

Sehnsucht
Spiegelungen

Es ist wahr: Sehnsüchte werden häufig künstlich geweckt, um ihre Befriedigung verkaufen zu können. Strand, Sonne, Insel, Palmen dienen der Vermarktung für den nächsten Flug in ein Urlaubsparadies, der Sehnsucht nach Freiheit und Abenteuer. Ja, Sehnsucht hat auch etwas mit Fernweh zu tun, mit Ferne, mit » Weh« und »Ach« , denn Sehnsucht nährt sich aus der Erinnerung. »Sehnsucht – im Italienischen »nostalgia« – ist meistens auf die Vergangenheit bezogen. Immer hat sie etwas mit Mangel in der Gegenwart zu tun. Etwas treibt uns magisch an, lockt uns mit süßen Versprechungen. Wer nie einen Mangel erlebte, kennt die Sehnsucht nicht. Doch man kann sie weder mit Geld befriedigen noch mit Inszenierungen. Jede Wiederholung ist ihr ein Graus. Man sehnt sich nach etwas, weiß aber nicht, wie man es bekommen kann. Der Sehnsucht fühlt man sich geradezu ausgeliefert. Leicht ist sie nicht auszuhalten. Doch sie treibt uns dazu an, wagemutig und neugierig zu sein. In einer oft als kalt und substanzlos empfundenen Welt, die kaum noch wertvolles »Seelenfutter« bietet, drängen unsere Sehnsüchte mehr denn je auf Erfüllung. Viele und neue Bedürfnisse werden geweckt, hochgehalten und künstlich befriedigt, doch es bleibt ein zehrender und nagender Hunger nach tiefer und guter Kost für unser Innenleben.

In der nächsten Phantasiereise »*Spiegelungen*« möchte ich Sie dazu ermuntern, Ihr Herz, Ihre Seele von einer Sehnsucht ausfüllen zu lassen, einer Sehnsucht nach Begegnung, Liebe und Ganzheit.

Spiegelungen

Stelle dir vor,

- **du bist noch einmal in dem roten Raum**

deines Herzens. Nun lasse dich sehen,wie du vor einem großen Spiegel stehst, der blank und klar vor deinen Augen ruht. Lasse dich in ihm

- **deine ganze Gestalt**

sehen und schau dir ins Gesicht. Möchtest du dich nicht zunächst begrüßen und dich dann fragen:

- **Was ist mit mir?**
- **Wie fühle ich mich an?**
- **Was fehlt mir nur?**

Nun schaue auch den Rahmen des Spiegels an.

- **Welcher Rahmen umgibt dein Bild?**

Nun gehe in deiner Phantasie noch einen Schritt weiter und bereite dich innerlich auf eine ganz besondere Reise vor: Eine Reise, die durch den Spiegel führen wird. Und dann gehe – natürlich ganz behutsam mit dir selbst – mit deiner ganzen Gestalt

- **durch den Spiegel hindurch.**

Vielleicht spürst du einen feinen Widerstand. Doch, wenn du auf der anderen Seite bist, so können sich

- **Räume und Landschaften deiner Sehnsucht**

öffnen. Du weißt: Immer wenn wir auf der Suche sind, will sich etwas in uns wandeln und in uns zu Tage treten, was sonst tief verborgen in uns ruht und doch bereit ist für Bewegung, Wandel und für neue Bilder. Ich wünsche dir, du begegnest deiner Sehnsucht

- **auf der anderen Seite**

in einer Art und Weise, die zu dir passen will.

Doch jetzt wird es wieder Zeit, zurück zu gehen.

- **Gehe wieder durch den Spiegel hindurch,**

bis du im roten Raum deines Herzens angelangt bist.

Ich wünsche Ihnen,

dass Sie die zarte kleine Pflanze »Sehnsucht« in Ihrem Lebensgarten besonders innig pflegen mögen. Wie sie an unserem Herzen nagt und zehrt! Sie ist keine Tiefkühlkost, sondern heiße Ware! Ist sie nicht im Grunde unser Lebensziel, die Sehnsucht nach Liebe und Ganzheit? Wie oft behandeln wir unsere Seele wie Trödelware und alten Plunder! Wie häufig stopfen wir sie mit Beifall und Besitz aus! Wie oft klammern wir uns an Strohhalme, als seien es Balken! Dabei ist unsere Seele doch noch mittendrin in ihren Lehr- und Wanderjahren, hat doch noch so viel vor sich auf dem guten Weg der ungeahnten Möglichkeiten, ist neugierig und hoffnungsfroh, hat Lebensmut. Es ist wahr: Heute ist Ergebnis von Gestern. Heute ist aber auch Anfang von Morgen. Jeder entscheidet die Würde eines Tages mit, bestimmt seinen Karat. Am besten wäre es, wir gingen wie frisch Verliebte aus dem Haus, kann doch schon der Gang um die nächste Ecke Schicksal spielen! In jedem von uns ist etwas auf dem Sprung, will Gestalt gewinnen. Jeden trieb sie doch einmal an, die Sehnsucht: sei es nach Freiheit, Gleichberechtigung, Frieden, Liebe. Sind nicht gerade diejenigen die traurigsten Menschen unter der Sonne, die sie verrieten? Unsere Sehnsucht ist größer, als das dickste Telefonbuch Seiten hat. Wohin wir uns auch immer wenden mögen: wir brauchen sie als Marschgepäck zum anderen hin. Dann können wir uns auch verwundert wieder die Augen reiben vor so viel geglücktem Leben.

Wege der Herzensbildung

Sind wir nicht alle irgendwie und irgendwo auf der Suche nach Glück? Wie könnte es anders sein! Doch ist Glück wirklich ein lohnendes Ziel? Ist es nicht eher ein Teil des Reisegepäcks auf unserer Lebensfahrt? Viele von uns haben sich daran gewöhnt, nur noch danach Ausschau zu halten, was sie nicht haben, was sie nicht besitzen. Sie übersehen dabei den Reichtum, den sie bereits angesammelt haben. Einige von uns sind Meister des Stammes: »Nimm«. Das Geben und Loslassen fällt ihnen schwer. Wenige von uns zerstören, machen kaputt und wollen die Welt mit Hass, Spott und Zynismus übergießen, damit nichts Heiles übrig bleibt. Sind es nicht gerade diejenigen, deren Herz im Grunde am heißesten nach Liebe dürstet? Ihre Seele wurde wohl schon im tiefen Brunnen der Kinderzeit vergiftet und blieb auf harten Steinen der Enttäuschung sitzen.

Wir alle tragen solche Verwundungen, Stacheln, Giftpfeile im Herzen. Wie auch immer unser Leben verlief: Enttäuschungen sitzen fest im Nacken, Niederlagen krümmen den Rücken! Leben ist nicht für jeden von uns Wonnebad und Zaubertrank. Wir alle sind belogen, betrogen, gemieden, verlassen worden und haben dies auch selbst getan, unwissentlich oder mit voller Absicht. Nichts ist weiß – weiß oder schwarz – schwarz. Da sind viele Abstufungen zum Grau hin, grau – weiß, grau – schwarz. Mischen wir alle Tönungen auf unserer Farbpalette Leben zusammen: Es wird unweigerlich ein Grau daraus. Nicht selten klumpt so ein Grau im Magen, will uns wegfressen, nagt an unserer Liebe, Hoffnung, Neugier, Sehnsucht und dem Glauben.

Doch haben wir auch ein Herz! Nicht nur das organische Herz, das wir spüren, wenn wir aufgeregt, verliebt, trunken, herzkrank sind. Nein, auch nicht das Lebkuchenherz auf dem Jahrmarkt, das wir unserer Liebsten schenkten. Ich meine damit die Liebe in ihren mannigfaltigen Erscheinungsformen. Ich meine damit, sich immer wieder neu auf ein Geben, ein Staunen, ein Danken einzulassen, in welchem Stadium unseres Lebens wir uns auch immer befinden mögen. Ich meine damit: Erziehung zum Herzen hin.

Herzensbildung meint das Erlernen und Kennenlernen unserer innersten Kräfte, die wir einsetzen, um ein Miteinander menschlich zu gestalten. Sie ist im Grunde das Gerüst, der feste Boden für ein friedliches, würde- und liebevolles menschliches Miteinander. Ein solcher Weg ist ein langer, steiniger und kurvenreicher Weg mit vielen dunklen Tunneln, aber mit noch mehr Brücken, ein Weg, der wohl erst im Totenbett sein

Ende findet. Hilfsbereitschaft und Uneigennützigkeit sind solche Brückenpfeiler, aber auch Demut und Geduld. Je intensiver diese Kräfte unser Denken, Fühlen und Handeln durchdringen, umso mehr an Herzensbildung gewinnen wir und strahlen sie an unsere Mitmenschen aus. Herzensbildung ist ein unerschöpfliches Reservoir an innerer Kraft, aus dem wir auch in Krisenzeiten unseres Lebens schöpfen können. Die Fundamente dazu werden in der Kindheit gelegt, nämlich in dem Maße, wie das Kind sie durch seine Bezugspersonen vorgelebt erhielt. Doch können wir in jeder Altersstufe immer wieder neu damit beginnen, unser Herz zu »erziehen«.

In den folgenden Phantasiereisen möchte ich Sie mit meinen Worten begleiten und berühren, sich auf phantasievolle Art und Weise in Tätigkeiten zu vertiefen, die eine Hinwendung zum liebevollen Umgang mit sich selbst und anderen Menschen zum Ziel haben.

Zu Beginn soll gleich das »Ordnen« stehen. Genauso wie unser Zuhause den jährlichen Frühjahrsputz braucht, damit es wieder strahlen und glänzen kann, so braucht auch unsere Seele hin und wieder eine »*Innere Reinigung*«. Anschließend möchte ich Sie dafür gewinnen, sich zu öffnen. Im »*Haus der Sinne*« können Sie Fenster und Türen öffnen, um alten »Seelenmüll« zu entfernen. Dadurch polieren und möbeln Sie Ihre Sinne auf, damit diese Sie in der nächsten Phantasiereise »*Sehen wie am ersten Tag*« durch ein Mehr an Genussfähigkeit verwöhnen können. Ein weiterer Weg der Herzensbildung besteht darin, düstere Gedanken und graue Gefühle, die Sie in der kalten Jahreszeit gefangen hielten, durch eine »Eisschmelze« zu vertreiben. Angstbesetzte Träume können Sie dann in einer »*Traumreise*« zu einem guten Abschluss bringen. Anschließend möchte ich Sie das »*Staunen*« lehren. Eine kleine Elfe streut Himmelssterne in Ihrem Innenreich aus, so dass es sich wieder hell und freundlich in Ihnen anfühlen kann. In »*Lichterkette*« werde ich Sie dazu ermuntern, dem Leben zuzulächeln. In der folgenden Phantasiereise »*Bunte Luftballons*« geht es darum, Sorgen und Probleme loszulassen. Anschließend möge Ihnen ein »*Verzeihen*« zu mehr Seelenfrieden verhelfen. Ein »*Zärtliches Rufen*« gilt Ihrem Schutzengel, der Sie auf Ihrem Lebensweg begleitet. Zum Abschluss des Buches wünsche ich Ihnen, dass Sie sich bei »*Mutter Erde*« für alles das bedanken können, was Ihnen Gutes widerfuhr in Ihrem Leben.

Ordnen
Innere Reinigung

Sammle, sichte und ordne. So lautet die Aufgabe, die das Leben auf jeder seiner Stufen neu an uns stellt. »Ordnung ist das halbe Leben.« So sagt der Volksmund. Dabei handelt es sich aber nicht nur um die Ordnung von Gegenständen wie Bücher, Spielzeug aus Kindheitstagen, gesammelte Münzen, Briefmarken oder Bierdeckel. Man kann dabei spüren, wie uns aus dieser klärenden Tätigkeit eine innere Kraft zuwächst. Nicht nur unsere Sammlung, auch unsere Seele erfährt dabei eine neue Gliederung, eine neue Aufgeräumtheit. Denn ohne äußere Ordnung gibt es letztlich auch keine innere Sammlung. Nicht zuletzt geht es aber auch darum, Einstellungen, Vorlieben, Beziehungen immer wieder zu sichten, gegenüberzustellen, neue Einschätzungen vorzunehmen und auf diese Weise eine neue Ordnung herzustellen.

Die meisten von uns leben gerne in geordneten Verhältnissen. Darunter verstehen viele: Eine Beziehung, die trag- und ausbaufähig ist, ein Dach über dem Kopf, eine Arbeit, die eindeutige Aufgabenstellungen umfasst, und natürlich auch ein geordnetes Girokonto, das Raum für persönliche Dispositionen lässt. Zur Läuterung von Geist und Seele hilft der Glaube. Das Gebet, die Andacht, Musik, Meditation, Fastenzeiten sind weitere von vielen Möglichkeiten einer Reinigung von innen. Auch Ihre Phantasie kann eine wunderbare Möglichkeit sein, Müdigkeit, Trägheit, Unruhe oder Schlacken aus Ihrem Körper zu entfernen, nämlich ihn zu reinigen und wieder blank zu putzen, fast so, als wenn Sie den jährlichen Frühjahrsputz halten.

Die nächste Phantasiereise »*Innere Reinigung*« ermutigt Sie dazu, nicht nur Ihre äußere Umgebung, Ihre Wohnung zu säubern, sondern auch Ihr Innenleben zu putzen und neu zu ordnen.

Innere Reinigung

Stelle dir vor,

- **du putzt und reinigst dein Zuhause,**

so wie du es gewohnt bist. Es soll doch alles sauber sein. Nimm dir Besen, Schaufel, Sauger, Tücher, warmes Wasser und sorge für Ordnung und für Überschaubarkeit, wo immer du auch wohnst.

- **Und gib dir Zeit dafür.**

Bitte gehe noch einen Schritt weiter in deiner Phantasie. Nun sorge auch

- **in deinem Körper**

für Ordnung und für Übersicht. Nimm mit, was du brauchst, um in dir selber Klarheit, Licht und Sauberkeit zu schaffen, damit alles in dir strahlt und glänzen kann. Auch, wenn du staunst und zweifeln solltest:

- **In deiner Phantasie ist alles möglich,**

traust du dich nur, auch ungewohnte neue Wege zu beschreiten. Du weißt: Dein Körper ist ein System aus großen und aus kleinen Räumen, aus Höhlen und Gewölben, die allesamt durch Wege und Gänge miteinander in Beziehung stehen. So kannst du mit deiner Aufmerksamkeit ganz bequem dorthin gelangen,

- **wohin du auch immer willst.**

Und nun ordne und sortiere

- **deinen Geist,**

die Welt deiner Gedanken, Einstellungen und Überzeugungen. Nimm Kisten, Kästen, Ordner. Prüfe nach, was du davon noch brauchst und was jetzt für dich entbehrlich ist. Sortiere, sammle, loche, hefte ab. Auch ein Papierkorb für Sorgen und düstere Gedanken ist vor Ort.

- **Nur hier gehören sie hinein.**

Und nun zu

- **deiner Seele, zu den Gefühlen.**

Hier putze blank, was dunkel ist, was Schatten wirft. Hier glätte Narben der Vergangenheit. Hier wasche alten Staub aus trüben Tagen ab,

- **damit endlich wieder Glanz und Helligkeit zum Vorschein kommen kann.**

Zum guten Schluss:

- **Dusche oder bade, solange du nur willst. Anschließend tue dir Gutes, was immer dies auch sein mag.**

Ich wünsche Ihnen,

dass Sie in Ihrem Körper, Ihrer Seele, Ihrem Geist, in Ihrem ganzen Leben öfters mal »Frühjahrsputz« halten, mal »klar Schiff« machen. Blinken die ersten Sonnenstrahlen des Frühlings durch die Fenster, sieht man erst so richtig, was die dunkle Jahreszeit an Staub, Spinnweben und Flecken hinterließ. Dies gilt für unsere äußere Umgebung, aber auch für unsere Seele, erfuhr sie eine dunkle Zeit. Geht ein Schiff auf eine lange Reise und bricht zu neuen Ufern auf, müssen seine Funktionen überprüft werden. Es muss gereinigt und aufgetankt werden. Die Mannschaft wird mit neuem Proviant versorgt. Auch unser Leben können wir als eine Reise betrachten, auf der wir, Passagiere des Lebens, immer etwas, gewollt oder ungewollt, zurücklassen, um nach neuen Zielen zu streben. Dann muss Platz sein für eine neue Ordnung. Selten werden große Reisen ohne Umwege oder andere Verzögerungen beendet. Immer wieder schlagen wir in unserem Leben andere Richtungen ein und beginnen auf ein Neues. Manchmal müssen wir auch wenden, um gut anzukommen. Und wir sollten immer wieder Pausen einlegen, uns besinnen, erinnern, das Gute in uns schützen, das Negative entfernen, um Raum für Neues zu schaffen. Ich wünsche Ihnen weiterhin, dass Sie sich Raum und Zeit genug geben. Durch Ordnung kann Macht über die Zeit entstehen. Die Zeit ermöglicht es, Herrscher und Hüter seines Lebens zu sein.

Öffnen
Das Haus der Sinne

Der innere Reichtum der Seele kann über Jahre und Jahrzehnte verborgen bleiben. Vielleicht erkannten wir nicht die uns anvertrauten Talente, die Möglichkeiten, Chancen, die sich uns boten. Und niemand war da, der uns auf dem Weg zu ihnen begleitet hätte. Wir sind dann wie eine geschlossene Muschel, die ihr Geheimnis nie preisgeben durfte. Der innere Reichtum aber will sichtbar werden. Darum sind wir doch auf der Welt: Wenn die Seele nicht ihren Reichtum entfalten kann, sich nicht öffnet, verkümmert sie, kränkelt und vergilbt.

Ein weiterer Schritt der Herzensbildung besteht in dem »Öffnen« unserer Sinne. Ohne sie wären wir allein, wären ganz und gar verloren. Sie sind so etwas wie unsere Fenster zur Welt. Man kann sie auch als Kanäle bezeichnen, die uns mit der Welt außerhalb unseres Körpers verbinden. Hätten wir sie nicht, säßen wir in einem dunklen Kasten und wüssten nichts von ihr. So richtig bewusst wird uns dies erst, begegnen wir Mitmenschen, die nicht über alle Sinne verfügen. Noch größere Betroffenheit stellt sich ein, wenn wir im Laufe des Lebens einen oder mehrere Sinne verlieren oder sie im Alter immer schwächer werden. Jedenfalls können wir nichts wahrnehmen, was nicht durch unsere Sinne geprüft wurde. Auch Empfindungen wie Freude, Erschrecken, Mut oder Glück werden durch die Sinne vermittelt und spiegeln sich in unserer Mimik und Pantomimik wider.

Nicht selten wirken Menschen auf uns abgestumpft und müde. Sie spüren wenig, obwohl Sie Augen, Ohren, Zunge, Nase, Haut wie jeder andere haben. Vielleicht haben sie zu wenig erlebt, um noch neugierig zu sein, was in ihnen und um sie herum alles geschieht. Vielleicht haben sie auch zu viel erlebt und machen lieber ihre Sinne zu, damit sie nicht noch mehr Leid ertragen müssen. Wie es auch immer um Sie persönlich steht:

Ich möchte Sie nun dazu ermuntern, in das »*Haus der Sinne*« einzutreten und dort Türen und Fenster zu öffnen, um – wie vorhin schon – für Ordnung und für Sauberkeit zu sorgen, damit Sie mit wachen Sinnen, neugierig und aufgeräumt Ihren Alltag leben können; ein guter Weg, um neue Kraft zu schöpfen.

Das Haus der Sinne

Stelle dir ein ganz besonderes Haus vor: Es soll das

- **Haus der Sinne**

sein. Als Erstes öffne mit einem goldenen Schlüssel das

- **»Zimmer des Sehens«.**

Hier hängen Spinnweben an der Decke, in Ecken türmt sich Staub. Vor den Fenstern hängen dunkle schwere Gardinen. Ziehe sie beiseite, damit es heller wird. Doch die Fenster sind verschmutzt, so dass das Sonnenlicht keinen Einzug halten kann. Auch ein Spiegel ist ganz blind.

- **Putze und säubere dies Zimmer, damit du mehr Durchblick hast, und schaffe neuen Glanz.**

Und nun öffne mit diesem ganz besonderen Schlüssel das zweite Zimmer. Hier steht geschrieben:

- **»Das Zimmer des Hörens«.**

Auch hier ist alles durcheinander. Die alte Uhr, sie schlägt nicht mehr. Ihre Pendel schweigen stumm. Ziehe sie auf, damit du wieder ihren Schlägen lauschen kannst. Geräusche von draußen klingen so gedämpft. Öffne auch hier die Fenster, damit du besser hören kannst. Brackwasser steht in der Spüle.

- **Nimm den Stöpsel und ziehe ihn heraus, damit das alte Wasser in den Abfluss kommt.**

Und nun nimm den Schlüssel und öffne das nächste Zimmer, das

- **»Zimmer des Riechens und des Schmeckens«.**

Hier riecht es muffig, alt und abgestanden. Öffne wiederum die Fenster. Nun stelle eine Vase mit frischen Blumen auf den Tisch und rieche an ihren Blüten. Setze dich nun an den Tisch und schäle eine Orange.

- **Nun iss die Frucht mit Andacht und Genuss.**

Dann gehe in das nächste Zimmer, in das

- **»Zimmer des Fühlens«.**

Überall sind Säcke voll mit Müll bepackt. Trage sie in den Keller und leere sie in Abfalleimer. Kommst du zurück in diesen Raum, so öffne auch hier die Fenster.

- **Wie fühlst du dich nun an?**

Nun gehe nach draußen in den Zaubergarten des sechsten Sinnes,

- **deiner Phantasie,**

in den Lebensgarten deiner Schatzbeete. Stelle dir vor, alle deine Sinne sind ein bunter Strauß aus Blumen. Spüre, wie deine Blüten sich zur Sonne neigen.

Ich wünsche dir, alle Blüten öffnen sich für dich

wie nach einem langen Winterschlaf.

Ich wünsche Ihnen,
sich zu öffnen gehört zu Ihren schönsten Begabungen. Besuchen Sie in Ihrer Phantasie doch immer mal wieder Ihr »Haus der Sinne«. Sorgen Sie dort für ein angenehmes Raumklima, für frische Luft, für Ordnung und für Übersicht. Sind erst einmal die Sinne blank geputzt und funkeln sie wie neu, dann werden sich auch wieder Hände öffnen. Denn: Mit Fäusten kann man keinen Menschen umarmen. Mit Fäusten kann man seinen Nächsten, die Welt nicht fassen, keine Arbeit tun. Man muss sie erst öffnen, um in Kontakt zu kommen. Dann erst kann man geben, nehmen, schenken. Mit den Händen öffnet sich auch unser Mund. Er will sprechen, Anteil nehmen, lachen, genießen, trösten, Kummer, Freude teilen. »Sei herzlich empfangen« soll über unserer Haustür stehen. Denn mit dem Mund öffnet sich auch unser Herz. Es pumpt doch nicht nur unablässig, um uns am Leben zu erhalten. Es will nicht kalt und hart und halbherzig sein. Es will sich doch verströmen, Gutes tun, Liebe empfangen, Liebe schenken. Ein offenes Herz will sich ständig bilden in »Herzlichkeit«, in »Herzenswärme«, will weich, blutvoll, gütig sein.

GENIESSEN
Sehen wie am ersten Tag

Ständig sind wir auf der Suche nach dem großen Glück und den rauschenden Festen des Lebens, so dass wir leicht die kleinen alltäglichen Freuden nicht beachten oder aus den Augen verlieren. Sie scheinen aus der Plattform des Lebens nicht herauszuragen. Wir haben uns so sehr an sie gewöhnt, dass wir sie erst wieder vermissen, wenn sie uns denn wirklich einmal nicht zur Verfügung stehen. Dabei gibt es so unendlich viele Dinge, die nichts oder nur wenig kosten und im Grunde für jedermann erschwinglich sind. Gerade die kleinen, ungewohnten Dinge des Alltags: Das morgendliche Aufstehen, das Duschen oder Baden, das Zähneputzen, Ankleiden, die erste Tasse Kaffee oder Tee, das zur Arbeit Fahren, sind im Grunde – Sie werden sich vielleicht wundern – kleine Kunstwerke. Sie müssen erst durch uns – bei aller Routine – immer wieder, jedes Mal, von Grund auf neu geschaffen werden. Denn sie sind es doch, die unser Leben letztlich in Schwung bringen und in Gang halten. Sie sind der Kitt des Bauwerks »Leben«, ohne den wohl alles zusammenfiele. Wir sind in unserem Alltag so häufig nur mit unserer Arbeit, unseren Verpflichtungen, unseren mehr oder weniger wichtigen Terminen beschäftigt und ausgelastet, dass wir nur zu leicht die kleinen Dinge übersehen, die unser Leben heiter und beschwingter, aber auch runder und tiefer, eben genussreicher machen können. Warum nicht zu sich sagen: »Was immer ich auch tue, tue ich mit Sorgfalt, Liebe und Genuss!«

»Sehen wie am ersten Tag« ist keine Phantasiereise wie die anderen, sondern eine Abfolge von inneren Bildern, die dazu geeignet sind, Ihre Sinnesleistungen zu trainieren und auszubauen.

Sehen wie am ersten Tag

Auch wenn deine Augen jetzt geschlossen sind, stelle dir vor,

- **du öffnest sie in deiner Phantasie.**

Ich wünsche dir, du siehst nun alles neu, in hellem Tageslicht. Es ist dir so, als ob du lange Zeit im Dunkeln warst und nun ein erstes Mal die Sonne siehst. Wie ein Kind fühle dich an und

- **öffne jetzt noch einmal deine Sinne.**

Du hast sie ja soeben noch geschärft. Der alte Müll aus der Vergangenheit liegt draußen auf der Halde und stört nicht weiter. Lasse dich in deiner Phantasie sehen, hören, riechen, schmecken, fühlen.

- **Schreite über eine Frühlingswiese.**
- **Nun nimm ein Sonnenbad.**
- **Sieh einen blühenden Apfelbaum im Frühling.**
- **Rieche an einer Vanilleschote.**
- **Höre das Rauschen von Wellen am Strand.**
- **Sieh eine unberührte Schneelandschaft.**
- **Iss genüsslich eine Kirsche.**
- **Höre deine Lieblingsmelodie.**
- **Lasse den Geruch von Bratäpfeln mit Zimt in deine Nase steigen.**
- **Spüre feinen Wind an deiner Haut.**
- **Sieh ein wogendes Sonnenblumenfeld.**
- **Rieche den Duft von Rosenblüten.**
- **Trinke eine Tasse Schokolade.**
- **Sieh einem geliebten Menschen ins Gesicht.**

Und nun genieße in deiner Phantasie, worauf du dich am meisten freust:

-
-
-

Ich wünsche Ihnen,

eine innere Suche nach Vorlieben und Interessen, die Sie früher einmal nach Herzenslust betrieben haben, die aber in Ihrem jetzigen Leben »untergegangen« sind. Ich wünsche Ihnen weiterhin das bewusste Aufspüren von Lichtblicken, Ruhezonen und kleinen Genussinseln in Ihrem täglichen Tun durch die Beantwortung der Fragen »Was tut mir gut? Tut mir das gut, was ich gerade mache? Was fehlt mir? Was will ich eigentlich wirklich?« Denn der Alltag ist nicht grau. Er meint im Grunde »alle Tage« eines Lebens. Er ist bunt und schillert in allen Farben. Schaut man sich um, wimmelt es im Alltag nur so von Sehnsüchten, Freundschaft, Liebe, Abenteuern, Geheimnissen, Freuden und Genussmöglichkeiten. Ist uns erst einmal bewusst, was uns fehlt, was wir gerne tun, welche kleinen Wünsche und welche großen Sehnsüchte wir in unserem Herzen tragen, fällt es leichter, die Einfälle und guten Vorsätze auch wirklich in die Tat umzusetzen. Unsere Welt ist durch vielfältige Verbote beschränkt. Nicht selten setzen wir sie uns ohne Not selber. Wir werden dadurch ärmer und unser Leben verliert an Glanz und Farben. Dies muss nicht sein. Denn wahre Meisterschaft im Genießen ist nicht nur wenigen reichen oder auserwählten Menschen vorbehalten. Wir alle tragen den Meister dazu in uns. Im Grunde müssen wir nur einen ernsthaften Anfang damit machen.

FLIESSEN
Eisschmelze

Nichts geht verloren. Alles gibt sich weiter. Jede Sperre, jede Mauer, jedes Hindernis muss dem Fluss und Druck des Wassers letztlich irgendwann weichen. Wir wissen das bereits in der Kindheit. Den Flusslauf eines Baches mit Steinen, Erde und Reisig aufzuhalten hat in Trockenperioden Erfolg. Kommt der Regen, ist nichts mehr zu halten. Am Strand hält eine Sandburg bei Ebbe dem Spiel der Wellen ohne weiteres stand; kommt die Flut, ist die alte Ordnung rasch wieder hergestellt.

Ist unser Seelenleben gut in Fluss, will uns vieles glücken. Auch körperlich fühlen wir uns dann gut. Ereilt uns jedoch ein schmerzliches Ereignis, vielleicht der Tod eines Menschen, um den wir trauern, oder der Verlust des Arbeitsplatzes, kann es zu einem seelischen Stillstand kommen. Hält dieser längere Zeit an, kann Krankheit die Folge sein. Doch was hält unser Leben in Fluss? Was verleiht ihm neue Nahrung, frisches Blut?

Ich meine, unser Lebensstrom fließt ruhig und sicher inmitten starker Deiche der Liebe und des Glaubens, sind wir in das Gelingen vernarrt. Gelingen macht zufrieden. Mehr merken, mehr hingucken, was Freude macht, was ich alles kann! Eine Arbeit gut gemacht zu haben! Da wird Freude draus! Einen Streit mit Verständnis und Umsicht beigelegt zu haben! Das macht zufrieden! Ein lange hin und her gewälztes Problem gelöst zu haben, schürt das Feuer für neue Taten. Haben die eigenen offenen, helfenden Hände getröstet, gebettet, gepflegt und werden sie belohnt durch dankbar glänzende Augen: Da kann für einen Augenblick der ganze Himmel für uns offen stehen. Wir spüren: Da ist was in Bewegung gekommen. Da ist Fortschritt. Da braust unser Blut wieder durch die Adern. Da saust unser Lebensschiff durch die Wellentäler, dass es eine wahre Freude ist. Sind wir in das Gelingen verliebt, spüren wir Sonne im Herzen und kräftigen Rückenwind. Die Eisschollen in unserem Herzen beginnen zu schmelzen.

Die nächste Phantasiereise heißt »*Eisschmelze*«. Sie möchte dazu beitragen, dass Ihr Leben in Fluss kommt.

Eisschmelze

Stelle dir vor,

- **du bist an einem Fluss.**

Es ist ein Frühlingsmorgen. Es war gewiss ein kalter Winter. Auch jetzt ist es recht kühl. Der Fluss ist noch gefroren. Eine helle Märzsonne schiebt sich gemächlich durch die Wolken. Geräusche sind zu hören, ein Gurgeln, Bersten, Rauschen. Nun lasse dich von mir fragen:

- **Wo ist es kalt und eng in meinem Leben?**
- **Wo stockt mein Lebensfluss?**
- **Wo sind Mauern, Sperren, Barrikaden?**

Die Sonne ist nun hoch am Himmel. Es ist ein warmer Mittag. Du siehst, du hörst, du spürst: Das Eis, es schmilzt. An vielen Stellen brach es schon und auch der Schnee ist bereits geschmolzen. Schollen treiben auf dem Wasser. Du atmest auf und fühlst Bewegung. Kommt es dir nicht so vor, als ob ein leiser Wind dir Fragen zuflüstert?

- **Ist mein Leben in gutem Fluss?**
- **Wo finde ich menschliche Wärme und neue Bewegung?**
- **Wo ist noch Kälte in meinem Herzen?**

Es ist ein lauer Frühlingsabend. Um dich ist Stille. Nur das monotone Rauschen des Flusses ist zu hören. Er hat sein Bett zurückgewonnen, ist ganz von Eis befreit. Eine gute Zeit zum Träumen: Stelle dir vor, wie ein

- **warmer Strom**

durch deinen Körper, deinen Geist und deine Seele fließt; wie er dich von innen reinigt, nährt, dir neuen Mut zuführt, dir neue Kraft an deine Ufer schwemmt.

Ich wünsche Ihnen,

dass Ihr Leben in gutem Fluss sein möge. Falls Sie sich schon längere Zeit an Stillstand gewöhnt haben, sich in schwierigen Lebenssituationen befinden, es an Energie und Entschlusskraft mangelt, möchte ich Ihnen vorschlagen, eine Reise zu einer Quelle zu unternehmen. Das Quellwasser hat schon alle Kreisläufe dieser Welt mitgemacht, von einer Ewigkeit zur nächsten. Dabei will es nichts anderes als fließen. Fließendes Wasser ist Bewegung, ist elementare Kraft, ist Lebenssaft. Es löst, nährt und reinigt.

Stellen Sie sich vor, wie das reine frische Quellwasser durch die Füße wie blaues Licht in sie einströmt und dann weiter nach oben fließt. Doch ist das nicht genug! Inneres Wachstum braucht auch Licht, die Sonne! Sie scheint doch für jeden von uns!

Stellen Sie sich vor, wie Sie mit warmem, gelben Schein durch Ihren Kopf strömt und dann nach unten fließt. Von unten das Blau und von oben das Gelb. Und – wenn Wasser und Sonne sich in Ihrer Mitte begegnen, dort zusammenfinden, wird – Sie wissen schon – ein »Grün« daraus, ein »Grün« ganz nach Ihrer Wahl. »Grün« soll doch für Hoffnung stehen, für Zuversicht, dass das Leben uns so sicher trägt wie eine Frühlingswiese unseren Körper.

Träumen
Traumreise

Nacht für Nacht tauchen wir ein in eine fremde Welt mit eigenen Gesetzen und Regeln. Wir träumen und haben es niemals gelernt. Keiner brachte es uns bei. Im Traum erkunden wir fremde Landschaften, sind die Helden und Heldinnen der spannendsten Abenteuer, erleben Momente der Angst, der Qual, aber auch des Glücks. Seltsame Gestalten spuken durch unsere Traumwelten. Wir schweben durch die Luft, können durch Mauern sehen oder gehen oder unterhalten uns mit Tieren – im Traum scheint geradezu alles möglich zu sein. Die Grenzen zwischen verschiedenen Zeiten und Räumen werden in der Traumwelt durchlässiger. Wir springen von einem Ort zum anderen, erleben Zeitreisen und Zeitsprünge, und dennoch erscheint uns alles dies ganz normal zu sein. Während des Schlafes merken wir nicht, dass wir schlafen und träumen. Erst im Nachhinein erinnern wir uns gelegentlich an ganze Träume oder aber an Traumfetzen. Glücklicherweise sorgt eine typische Traumeigenschaft für Linderung und Mäßigung: Viele Gefühle bleiben in der Traumwelt gedämpft. Sie erreichen bei weitem nicht die Intensität wie etwa bei Wachträumen, sondern bleiben seltsam blass.

Diese sind – wie gesagt – allerdings gelegentlich bizarr und unverständlich und können zu Ängsten führen, die uns erschrecken lassen. Ich möchte Ihnen aufzeigen, wie Sie zukünftig solche Albträume in positiver Weise umdeuten können, damit Sie wieder zu Kräften kommen.

Die nächste Phantasieübung heißt »*Traumreise*«. In ihr können Sie nächtliche Albträume in der Phantasie zu Ende träumen und so zu einem positiven Ende des Traums führen.

Traumreise

Stelle dir vor, du erinnerst dich an einen

- **Traum, der dir unverständlich war oder gar zu Ängsten führte.**

Nun entspanne dich und schließe deine Augen. Stelle dir gleich auf einer inneren Leinwand

- **das letzte Bild eines Traumes vor, das Bild, wo du erwachtest,**

auch, wenn es nur ein Fetzen war. Und nun – in dieser ganz entspannten Haltung – sage zu dir:

- **Ich bin der Regisseur dieser Geschichte und gleichzeitig ihr Held.**

Und träume deinen Traum nun – im Wachbewusstsein – weiter; ich wünsche dir, zu einem guten Ende. Sage zu dir:

- **Ich habe euch, Gespenster, selbst gemacht. Nun löse ich euch auf.**

Du weißt: Was immer du erlebst, was immer dir begegnet: Das bin immer ich. Es hat stets mit mir zu tun. Bei dieser ganz besonderen Reise ist es wichtig, dass du

- **aussprichst, was du siehst und spürst, was du erlebst.**

Nur so geht die Geschichte weiter. Noch eines: Wenn du möchtest,

- **nimm einen guten Freund mit auf deine Reise,**

egal, ob Mensch, ob Tier. Ein Freund kann immer gute Dienste leisten. Wenn starke Ängste dir begegnen, so öffne deine Augen und löse dich auf diese Art von ihnen. Doch nun schau nach vorn und höre, wie im Kino ein Gong ertönt, die Vorhänge sich öffnen und begebe dich auf eine

- **Traumreise.**

Stelle dir das letzte Bild des Nachttraums vor und tritt in ihn ein mit deiner ganzen Gestalt.

Und zum guten Schluss. Gib dieser Traumreise

- **ein Motto, eine Überschrift.**

Ich wünsche Ihnen,

dass Ihre Träume Ihnen offenbaren, was Sie wirklich wollen, wer Sie wirklich sind und was Sie wirklich benötigen. Träume öffnen Wege zu unserer Mitte, die zu unserem inneren Brunnen, der Quelle aller Träume führen. Wir Menschen bergen in uns allen eine Quelle, die uns mit Lebenswasser versorgt. Träume wollen uns aufzeigen, was uns fehlt. Phantasien wollen uns behutsam darauf verweisen, was und wie wir dies erhalten können. Sie weisen uns auf Möglichkeiten und Ausdifferenzierung unserer Lebensmöglichkeiten hin.

Störungen der Nacht sind Störungen des Tages. Wir beschäftigen uns des Nachts mit vergangenen oder kommenden Ereignissen und hindern uns so daran, in der Gegenwart anzukommen. Deshalb ist es so bedeutsam, den Tag ganz bewusst abzuschließen, ihm Abschied zu geben, damit die Glocken der Nacht eingeläutet werden können. Dazu gehört ein Sich-Anvertrauen, ein Sich-Fallen-Lassen in die weichen und warmen Arme unserer Träume.

Staunen
Himmelssterne

Staunend kommen wir auf die Welt. Staunen geschieht immer absichtslos, zu unerwarteter Zeit. Deshalb liegt in jedem Staunen eine unerwartete Entdeckung, eine große Verwunderung. Wenn wir staunen, dann ist nichts mehr in der Welt selbstverständlich. Dann werden wir vom Wunder der Schöpfung ergriffen. Staunen unterbricht den Alltag. Staunen heißt: sich überraschen lassen, sich wundern und eine Tiefendimension des Lebens erfahren. Staunen heißt: Loslassen, freigeben und neue Talente entdecken. Diese Momente werden uns immer wieder geschenkt, aber sie lassen sich nicht einfordern oder erzwingen. Wir bekommen sie umsonst. Staunen heißt sich anrühren lassen und die Welt als Wunder betrachten. Wer nicht mehr staunt, hat Angst vor Veränderung. Kinder staunen, Erwachsene haben sich oft im Leben eingerichtet, eine Familie gegründet, ein Haus gebaut, einen Baum gepflanzt. Sie suchen Sicherheit und nicht etwa Überraschung. Und doch spürt jeder Mensch in seinem Inneren, dass er ohne Staunen nicht leben kann. Erfüllt uns Staunen, dann erfahren wir die Welt und unser Leben als Wunder und als Gnade.

Bitte laden Sie in der Phantasiereise »*Himmelssterne*« eine kleine Elfe zu sich ein. Bitte sorgen Sie dafür, dass es still sein kann in Ihrem Raum. Sonst könnte die Elfe Ihre innere Stimme womöglich überhören.

Himmelssterne

Stelle dir vor,

- **du sitzt in einer Haltung, die dir so vertraut vorkommt, in einem Raum nach deiner Wahl.**

Du hast ein Kinderbuch aus alter Zeit in Händen. Müde bist du von des Tages Last. Das Buch, es sinkt aus deiner Hand. Nun schließe noch einmal deine Augen. Es ist Abend und wirklich eine gute Zeit zum Träumen. Ich wünsche dir, du träumst

- **von einer kleinen Elfe,**

die du als Kind so gerne hattest. Hieß sie nicht »Wendy« aus »Peter Pan«? Du spürst: Bewegung ist in der Luft. Du hörst ein leises Schwirren und hältst den Atem an. Etwas ist in deinen Raum geflogen und landet warm auf deiner Hand. Du siehst und staunst: Es ist die kleine Elfe deiner Kinderzeit, die dich jetzt freundlich grüßt und dir zulächelt. Gut fühlst du dich an. Und nun, du staunst und siehst und schaust mit großen Augen, wie die Elfe

- **zu einer bunten Wolke wird und durch deinen halb geöffneten Mund schwebt.**

In dir nimmt sie wieder ihre Elfengestalt an und schwirrt durch deinen ganzen Körper. Nun höre und spüre: Sie hat eine silberne Klingel dabei und dort, wo ihr Klingeln ertönt, wird es hell und freundlich, warm und weich in deinem Körper. Du weißt: dein Körper ist ein System aus Höhlen und Grotten, die Wände sind jedoch nicht aus Stein, sondern aus rosafarbenem Fleisch,

- **so wie dein Mund.**

Überall wo es noch eng und hart ist in deinem Körper, dort, wo der warme Strom versiegte, streut sie Sternchen aus, die sie am Himmelszelt – nur für dich – eingesammelt hat. Und dort, wo Sternchen sind, fängt es in dir an zu blinken, zu funkeln und zu leuchten, bis eine

- **Milchstraße aus Sternen**

daraus wird. Und nun spüre, wie die kleine Elfe in deinem Körper singt und tanzt. Schaue ihr zu, wie sie sich zum Rhythmus der Musik wiegt und dir zulächelt. Ich wünsche dir:

- **In deinem Innenreich singt und tanzt nun alles mit.**

Und nun atme die Elfe wieder als bunte Wolke aus und bedanke dich bei ihr. Sie lächelt dich an und verspricht dir wiederzukommen, wann auch immer du sie rufst.

Ich wünsche Ihnen,

Sie laden die kleine Elfe und auch noch andere Fabelwesen in Ihren Alltag ein. Auch dadurch können Sie Ihre Phantasie bunt und lebendig gestalten. Wenn Sie als Kind an gute Geister, Hexen, Zauberer, Feen, Nixen und Engel geglaubt haben, so hat das doch sicher seinen guten Grund gehabt. Kann es nicht auch schön sein, im Erwachsenenalter gelegentlich in die kindliche Welt des Staunens und des Wunderns einzutauchen? Wir können aus der uns umgebenden Wirklichkeit immer nur einen kleinen Ausschnitt wahrnehmen. Darum wissen wir auch kaum etwas von unsichtbaren Welten. Ich habe das Gefühl, dass die Wissenschaft und auch die Medien uns ein Geheimnis nach dem anderen entzaubern und uns nur noch wenig übrig bleibt von einer Welt des Staunens und der Aura des Geheimnisvollen.

Denn diese Fabelwesen sind in uns: Sie sind schon immer in uns gewesen und umgeben uns durch eine jahrtausendealte Tradition des Märchen- und Geschichtenerzählens, die von Generation zu Generation weitergegeben wird. Dadurch leben sie und werden – hoffentlich – immer weiter leben; vor allem wohl durch unsere Träume und die Phantasie. Wer aufmerksam und empfänglich ist für feine leise Schwingungen und nicht nur an das glaubt, was er sieht, kann sich eine unendlich reiche Welt vorstellen und sie sich auch finden lassen. Ist erst der letzte Wald gerodet, gibt es keine Elfen mehr. Gibt es keine Elfen mehr, stirbt auch der Mensch.

Lachen
Lichterkette

Dem Lachenden öffnet sich die Welt. Lachen und Lächeln bedeutet Freude, heißt sich gut fühlen, glücklich sein. Ein Lächeln kostet nichts und ist doch immer ein kostbares Geschenk. Lächeln wir einem anderen Menschen zu, dann zünden wir in seinem Herzen – bildlich gesprochen – ein Licht an. Würde dieser Mensch sein Lächeln als Kerze weitergeben, entstünde eine Kette von immer mehr Lichtern, die sich letztlich zu einer großen Flamme vereinigen würden. Lachen erzeugt gute Laune und aus einer guten Laune heraus kann man dann wieder umso herzlicher und intensiver lachen, so dass eine noch bessere Laune entsteht. Lachen ist gesund, tut der Seele und dem Körper gut. Wer sich vor Lachen ausschüttet, dem ist frei und warm ums Herz. Es ist vielleicht das beste und gesündeste Ventil, um aufgestaute Aggressionen zu entladen. Außerdem regt es die Kreativität an und lässt uns die Welt aus einer optimistischen Perspektive erleben. Bereits der Säugling lächelt und bestärkt damit das Band zu seinen Eltern. Das selbstvergessene Lächeln im Schlaf, in der Sonne, in der Liebesumarmung, das erlöste Lächeln der Frau, die entbunden hat! Ja, Lächeln und Lachen kleiden uns bestens. Sie stehen uns gut zu Gesicht. Sie machen uns schön.

Die nächste Phantasiereise heißt »*Lichterkette*«. Sie möchte, dass Ihr Lächeln, dass Ihr Lachen weite Kreise ziehen.

Lichterkette

Stelle dir vor,

- **du schaust in einen Spiegel und lachst dich an.**

So schaust du aus, bist du gut gelaunt und in dir froh. Du weißt: Das Leben ist - weiß Gott - nicht immer so. Es gibt oft Grund genug zu sorgen, zu klagen und zu trauern. Doch wie es jetzt auch immer um dich stehen mag:

- **Lächle dich an und spüre, wie du dich dabei entspannst und weicher wirst.**

Erinnere dich doch an die kleine Elfe von vorhin. Es gibt doch immer wieder wunderbare Gründe, dir und dem Leben zuzulächeln, auch, wenn es mitunter hart und bitter ist. Es ist dir so, als wirfst du einen flachen Stein ins Wasser. Der zieht dann, wie du weißt, ganz weite Kreise. Nun nimm dies Bild und stelle dir vor:

- **Auch dein Lachen zieht weite Kreise in deinem Innenreich.**

Auf diese gute Art und Weise gibt es sich weiter und pflanzt sich fort bis tief in deine Gefühle hinein. Du weißt: Lachen befreit, macht alles in dir freundlich, hell, als wenn ein Licht in dir angezündet wurde

- **wie vorhin durch die kleine Elfe.**

Nun gib wieder einmal von deinem Reichtum ab. Gib dein Lachen weiter. Es steckt doch an und tut ganz sicher allen Menschen gut. Stelle dir vor, wie du dein Lachen an einen Menschen deiner Wahl weitergibst wie eine

- **leuchtende Fackel.**

Und dieser gibt die Fackel weiter an den nächsten. Auch dieser trägt sie weiter fort, bis wohl eine ganze

- **Lichterkette**

daraus werden kann.

Ich wünsche Ihnen,

Sie lächeln mit wachen Augen dem Leben zu. Lachen lässt unsere Seele Purzelbäume schlagen. Lachen lässt uns außer uns sein. Wir erkennen uns dann nicht mehr wieder, wenn Wellen der Freude über unser Gesicht laufen. Wir setzen in uns selbst und bei den anderen etwas in Gang. Nicht Böen von Gelächter sind damit gemeint und auch nicht Schadenfreude. Davon soll sich unsere Seele doch nicht mästen! Appetit und Hunger auf Frohsinn, Heiterkeit und gute Laune! Das ist es doch, was vielen fehlt. Wer nur eine Minute herzlich lacht, fühlt sich danach so erfrischt, als habe er sich eine Stunde lang entspannt. Das haben Gelotologen (Lachforscher) herausgefunden. Und wie viele Minuten lachen sie am Tag?

Noch einmal Epikur: »Du musst lachen und philosophieren. Denn Lachen ist gesund und mehrt den Genuss«, lehrte er. Resultat ist eine Lebenshaltung, sich den Dingen mit einer heiteren Gelassenheit zu nähern.

Loslassen
Bunte Luftballons

Druck fordert uns immer dazu auf, loszulassen und zu entspannen. Je mehr wir zum Beispiel gegen einen Schmerz ankämpfen, ihn nicht haben und fühlen wollen, desto ärger wird er uns ergreifen und peinigen. Ein bisschen besser wird es, lässt man los. Loslösung von etwas Bedrückendem kann wie eine Fahrkarte nach Hause sein. Neues kann nur dann entstehen, wenn wir ganz bewusst Vergangenes, uns Behinderndes loslassen und dazu bereit sind, uns auf Fremdes und Unbekanntes einzulassen. Hier liegt unsere Chance für Veränderung, Wandel und Wachstum. Mit geschlossenen Fingern, also mit Fäusten, fällt es schwer, einen anderen Menschen zu umarmen. Man kann mit Fäusten weder streicheln und liebkosen noch etwas anderes in seine Hände nehmen. Dazu müssen sich erst die Finger lösen. Das Festhalten wird auch geschürt durch dauernde Wiederholungen. Erkennen wir erst die ständigen Wiederholungen, wissen wir, was wir nicht loslassen. Und doch gibt es Menschen, von denen ich den Eindruck habe, dass sie mit Fäusten durch ihr Leben gehen. Es fällt ihnen schwer, loszulassen. Sie sind es gewohnt, festzuhalten, um es nie und nimmer zu verlieren. Sie übersehen dabei, dass man überhaupt nichts anketten muss, um es zu behalten. Die Lebensfreude leidet darunter. Diese Menschen wirken oft angespannt und verschlossen.

Ich dagegen möchte Sie dazu ermuntern, immer wieder loszulassen, sich immer wieder zu öffnen für Herz und Hände.

In der Phantasiereise »*Bunte Luftballons*« können Sie damit beginnen, sich von Eigenschaften zu lösen, die Ihre Seele schwer und traurig machen.

Bunte Luftballons

Nun löse dich von diesem Raum, wo du sitzt oder liegst, mit geschlossenen Augen. Lass los, lass los, so gut du kannst, und begleite deinen Atem – wie er kommt und geht – ein – und aus – und Pause – mit freundlicher Aufmerksamkeit und wo du Spannung findest, lass los, so gut du kannst und stelle dir vor,

- **wie du Spannung ausatmest**

vielleicht als grauen Rauch, vielleicht als dunkle Farbe.

- **Und gib dir Zeit dafür.**

Und nun stelle dir vor, dein Körper, dein Geist und deine Seele, alles, was du bist, ist

- **ein großer Raum,**

in dem viele, viele Luftballons an Schnüren schweben, ein Teil davon in hellen, ein Teil in dunklen, schwarzen Farben. Stelle dir vor, in den hellen befinden sich

- **freundliche Gefühle: Mut, viel Freude, Liebe, Hoffnung, Zuversicht.**

In den dunklen aber sind

- **Enttäuschung, Neid, Missgunst und andere Schatten deiner Seele.**

Die hellen tanzen hoch oben an der Decke. So leicht sind sie. An die dunklen aber kommst du mit deinen Händen schnell heran, da sie in ihrer Schwere taumelnd schwanken. So gut gefüllt sind sie. Nun fange so viele von ihnen ein, wie du nur bekommen kannst. Nimm sie in die Hände und schnüre sie zu Bündeln. Nun öffne alle Fenster in deinem Innenraum

- **und öffne ganz bewusst auch deine Fäuste.**

Du spürst: Ein starker Wind ist aufgekommen. Du siehst die dunklen Bündel in den blauen Himmel treiben. Schaue ihnen nach, wie sie langsam deinem Blick entschwinden. Immer kleiner werden sie, bis sie schließlich ganz und gar nicht mehr zu sehen sind.

- Und wie fühlst du dich an?

Ich wünsche Ihnen,

dass Sie immer besser loslassen können. Nehmen Sie die Dinge einfach so, wie sie sind. Denn gerade so sind sie gemacht. Erst durch unsere Bewertung können sie bedrohlich werden. Auch die Menschen! Nehmen Sie sie so, wie sie gebaut sind. Sie können wohl nicht anders. Auch, wenn der eine oder andere Ihnen auf die Nerven geht: Sie müssen ihn ja nicht unbedingt zum Freund nehmen. Nur nicht bewerten! Das führt nur zu eingeklemmten Schubladen in Ihrem »Gehirnkasten«. Loslassen können schafft ungeahnte Freiräume. Sie öffnen sich damit für Neues, Ungewohntes. Das Leben ist nun einmal keine breite, gut ausgebaute Straße, sondern es gleicht eher einem holprigen Feldweg. Da gibt es Kurven, Gefälle, Anstiege, Hindernisse und anderes Unerwartetes. Manchmal muss man eben auch durch dunkle Tunnel. Ist man gut hindurch gekommen, gibt es auch wieder Brücken, die über etwas hinweghelfen.

Auf Ihrem Weg werden Sie auch Bäumen begegnen. Ich wünsche Ihnen: Umarmen Sie einen Baum. Das muss kein riesiger Baum sein. Der Kirschbaum Ihrer Kindheit ist genausogut dafür geeignet. Mit etwas Phantasie können Sie sich das Strömen des Lebenssaftes unter seiner Rinde vorstellen und die Tiefe seiner Wurzeln, die in das Erdreich hineinreichen, erahnen. Bäume wollen nichts weiter als dort stehen bleiben, wo sie sich befinden. Sie sind ihr Leben lang verwurzelt. Wir Menschen müssen uns jedoch immer wieder lösen, immer wieder loslassen, damit unser Leben in gutem Fluss sein kann. Ist es bei der Lösung von einer alten Geschichte nicht besser, Abschied zu geben als zu nehmen? Hat nicht jeder das Recht auf seinen eigenen Weg, wohin dieser auch letztlich führen mag? Sie können immer wieder ankommen, zu einer anderen Zeit auf eine andere Art. Bäume haben einen langen Atem und warten auf Sie. Auch wenn Sie von einem geliebten Menschen getrennt werden, so verlieren Sie ihn doch nicht für immer aus den Augen, sehen Sie sich nie ein allerletztes Mal. Zumindest in Ihrer Phantasie wird er immer weiterleben.

Verzeihen
Seelenfrieden

In dem Moment, wo wir kämpfen, machen wir uns angreifbar, denn wer kämpft, der kann auch verlieren. In dem Augenblick, in dem wir uns dafür entscheiden, Frieden zu schließen, kann Verzeihung, kann Versöhnung geschehen. Versöhnung macht wieder weich, was vorher verspannt und hart war. Vergeltung und Rache mögen zunächst süß schmecken. Letztlich sind sie jedoch eine bittere und unwirksame Medizin. Der »Mut zum Verzeihen« hat seinen Ursprung in unserer Phantasie. Nur das, was wir uns vorstellen können, kann auch seinen angemessenen Platz in unserer Realität finden. Jedes Ende bringt einen neuen Anfang hervor. Aus jedem Tod entsteht wieder eine neue Lebensform. Wenn wir erfahren, wie unbeständig und vergänglich ein jedes Leben ist, kann uns die ungeheure zeitlose Stille und Ganzheit berühren, die alles Aufleben und Vergehen umfasst. Das Erkennen und Wachwerden für diesen zeitlosen Raum kann auch Seelenfrieden in den Schatzbeeten unseres Lebens wachsen lassen.

Bitte lassen Sie sich ein auf die Phantasiereise »*Seelenfrieden*«, wenn Sie mit Ihrer ganzen Gestalt gleich eine Kapelle betreten.

Seelenfrieden

Lass los. Im Sitzen oder im Liegen, lass einfach los und stelle dir vor: Du trittst ein in

- **die Kapelle, die du wieder neu errichtet hast.**

Setze dich hier auf eine Bank. Vor dir ist eine Kerze. Sie brennt bereits, als ob sie nur auf dich gewartet hätte, als wärest du der Sinn für ihr geheimes Leuchten. Du weißt, die erste Flamme muss von außen kommen, um die Kerze zu entzünden. Das Licht ist wohl das Glück der Kerze. Dieses sanfte gelbe Leuchten kann eine ganze Sonne im Kleinen sein, so scheint es dir. Die Kerze selbst verzehrt sich, wenn sie Wärme spendet, um sich mit ihrem Glanz zu nähren. Wenn du in die Kerzenflamme schaust, in ihr geheimes Zittern, siehst du ein Buch, auf dessen Umschlag – nur für dich – geschrieben steht:

- **»Das Buch des Friedens.«**

Du schlägst es auf und siehst: Nur leere Seiten. Nun zu der ersten Seite. Lasse dich links zunächst

- **deinen Namen**

schreiben, so wie du dich nennst. Rechts davon schreibe nun das Wörtchen

- **»Frieden«.**

Und links lasse dich wiederum deinen Namen schreiben und rechts das Wörtchen:

- **»Frieden«.**

Und links lasse dich deinen Namen schreiben und rechts das Wörtchen:

- **»Frieden«.**

Im Stillen weißt du, was du damit meinst. Du kannst noch lange schreiben, so viel du magst. Es ist ja deine Zeit und in ihr kannst du für Menschen Worte der Vergebung finden, die dich bedrängten, die dir Unrecht taten.

- **Vielleicht kannst du verzeihen und so mehr an Seelenfrieden in dir finden.**

Ich wünsche dir viel Mut dazu. Denn den braucht Verzeihung allemal. Nun blase die Kerze aus. So ist es dunkler. Vielleicht spürst du auch, wie dein Schutzengel über dir schwebt.

- **Fühlst du dich jetzt nicht viel weicher an?**

Wiederhole doch diese Frage immer wieder. Ding und Dong macht es, Ding und Dong, Ding und Dong, ein heller und ein dunkler Klang.

- **So hört es sich an, wenn in dir Friedensglocken läuten.**

Das Läuten schaukelt dich zurück an diesen Ort, wo du jetzt sitzt oder liegst und einen Traum von Vergebung und von Frieden träumtest.

Ich wünsche Ihnen,

dass es Ihnen immer besser gelingen möge, sich selbst der beste Freund zu sein und Frieden mit sich und der Welt zu schließen. Das menschliche Leben birgt viele Sackgassen und Widerstände. So manches Mal hilft uns die Hoffnung, dass wir auf gutem Grund beheimatet sind. Hoffnung ist die Triebfeder in uns, das Wasser auf die Mühlen der Verzagtheit. Glaube, Sehnsucht, Liebe öffnen uns weitere Brücken, mit denen wir Widerstände überwinden und Türen auftun können. Was können wir der Natur nicht alles abschauen! In unserem Lebenskampf gegen Krankheit, Gebrechen und Not werden wir das Meer nicht durch die Errichtung von Betonmauern zähmen können. Es ist besser für uns, sanft ansteigende Hügel zu bauen, woran die Wellen auslaufen können. Verzeihen ist immer ein guter Anfang und ein gutes Ende für Seelenfrieden und Herzensbildung in uns.

Schützen
Zärtliches Rufen

Wenn wir in der Betrachtungsweise über unser »Ich« hinausgehen, wird ein jeder von uns schnell erkennen, dass wir vielfachen Schutz erfahren. Wir sind geschützter, als wir oft glauben. Im Schoß unserer Beziehung, unserer Familie können wir uns geschützt fühlen. Unser Haus, unsere Wohnung bietet Sicherheit. Das Land, die Kultur, in der wir aufgewachsen sind, schenkt uns Heimat. Die Nacht, das Himmelszelt kann auch als Schutz verstanden werden. Die Vorstellung, dass Verstorbene, vom Himmel aus, wachsam auf unser irdisches Tun und Lassen schauen und ihre schützende Hand über uns halten, ist vielen Menschen sicherlich gut vertraut. Menschen, die ihren Glauben gefunden haben, suchen Schutz und Trost bei ihrem Gott, der Jungfrau Maria und ihren Schutzheiligen. Nicht zuletzt glauben viele, dass Engel, als Leibwächter der Liebe, über unser Geschick wachen. Denn natürlich gibt es Schutzengel! Wir brauchen sie doch, damit wir uns gut behütet fühlen. Wir brauchen sie doch, wenn wir schwach sind und uns verzagt in gute Hände abgeben wollen.

»Das war knapp!« Wie oft schon fuhr es uns durch Gehirn und Gemüt. Der Bruchteil einer Sekunde eher, und es hätte kein Halten mehr gegeben. Das Schönste an Engeln ist: Wir können sie in uns tragen. Unser »Ich« wird durch sie geschützt. Engel haben manchmal Flügel oder sie geben Flügel. Sie wollen uns sagen: »Du da, du kannst wieder aufstehen mit neuer Kraft. Du gehst nicht verloren. Du kannst alle wieder begeistern und vor Energie sprühen.«

Und nun lassen Sie sich bitte ein auf eine Engel-Phantasie. Vielleicht ist er Ihnen ja gerade eben schon in der Kapelle begegnet. Lassen Sie ein *»Zärtliches Rufen«* ertönen.

Zärtliches Rufen

Du sitzt oder liegst in diesem Raum und in deiner Phantasie gehe bitte

- **in einen anderen Raum.**

Sitze oder liege auch hier in einer angenehmen Haltung. Draußen ist es kalt und an den Fenstern sind Eisblumen.

- **Ist es nicht seltsam, wie sie sich selber malen können?**

Bei dir lass es warm sein. Du siehst, wie durch diese Wärme, wie durch dein warmes Ausatmen die Eisblumen zu schmelzen beginnen, bis sie ganz weich sind und zerfließen. Und gleich lass dich von draußen ein leises Rufen nach dir hören. Es ruft dich ganz zärtlich nach deinem Namen.

- **Wann wurdest du zum letzten Mal ganz zärtlich gerufen, wann war es nur?**

Spüre, wie du weich wirst in deinem Innenreich, wenn in dir Musik ertönt, eine

- **stille Weise**

von damals, als du jung warst. Lass dich tragen und ausfüllen von dieser vertrauten Melodie und begleite sie.

- **Gib ihr Rhythmus mit deinem Einatmen.**

Und auf den Schwingen der Musik lasse nun

- **deinen Engel, deinen Schutzengel**

in dich ein. Gib ihm die Gestalt und das Gesicht, das zu dir passen will, und frage ihn und dich:

- **Was möchte ich in dieser Welt bewahren?**
- **Wem möchte ich mit meiner ganzen Kraft Schutzschild sein?**
- **Wie kann ich mein Immunsystem auf gute Weise unterstützen?**
- **Was gibt meinem Leben Vertrauen und Geborgenheit?**

- **Wer war mein innerer Beschützer auf der Reise durch das Tal des Lebens?**

Und achte bitte auf

- **die inneren Antworten,**

wenn dein Engel, der dich schützt, nun in einer Sprache zu dir spricht, die du nur hier, an diesem Ort, und nur jetzt, zu dieser Zeit, verstehen kannst. Das kann ein Wort sein, ein Bild oder ein Symbol,

- **jedenfalls etwas ganz nach deiner Art:**

Und nun bedanke dich bei deinem Engel, der dir Schutz gewährte seit deiner Ankunft auf der Erde. Bitte ihn, er möge bei dir sein

- **vor allem wohl in schweren Stunden.**

Ich wünsche Ihnen,

dass Sie sich immer besser schützen können vor unberechtigten Ansprüchen und Forderungen, die Ihre Umwelt an Sie stellt. Bitte schützen Sie sich und Ihre Zeit. Können Sie wirklich etwas anderes besitzen? Suchen Sie in Ihrer Phantasie und in der Realität Räume oder Orte in der Natur auf, wo Sie sich beschützt und gut aufgehoben fühlen. Lassen Sie sich auch in Ihrer Seele, in Ihrem Innenreich, Heimat und Geborgenheit finden. Die Welt ist so, wie man sie sieht. Erwarten Sie immerfort Katastrophen, dann werden sie sich auch einstellen. Haben wir Vertrauen, fühlen wir uns gut beschützt, dann gelingen uns auch die meisten Dinge. Engel sind so ein starkes inneres Bild. Spüren wir sie in uns, dann verfügen wir über Kräfte, auch andere und anderes zu schützen. Dann brauchen wir andere nicht zu ängstigen, unter Druck zu setzen, zu verstören. Dann haben wir auch die Kraft, unseren Teil dazu beizutragen, die Schöpfung zu bewahren.

DANKEN
Mutter Erde

Danken ist ein weites Feld. Danken ist eine Währung des Herzens, genauso wichtig wie Sprache oder Musik. Normalerweise stellt sich Dank von selber ein. Unsere Vorfahren haben das Erntedankfest mit Inbrunst gefeiert. Bei ihnen hingen Leben und Tod davon ab, ob die Ernte üppig ausfiel oder verhagelt war. Ein Dankgebet für unser tägliches Brot war selbstverständlich, eben, weil ein Satt-Werden damals alles andere als selbstverständlich war – außer für kleine, privilegierte Kreise. Müssen wir die kleine Münze des Dankes wieder neu prägen lernen? Sind wir denn nicht immer irgendwie wieder auf die Beine gekommen, wenn etwas schief ging? Und wenn etwas daneben ging, war das nicht schon lange überfällig? Dank macht großmütig, macht großzügig. Dank macht schön. Dank ist Antwort auf Hingabe: Zehn, zwanzig Mal am Tag danken, das macht demütig. Das hilft gegen Verdruss und Langeweile, ist gut für Freude und gute Laune für sich selbst und andere. Glück schützen und Unglück lindern, immer mal wieder Menschenwärme spüren, essen, trinken, lachen – und es fällt einem wie Sterntaler vom Himmel ein Geschenk zu. Und immer wieder danken, dass es mich, dich, alles gibt.

Die letzte Phantasiereise lautet: »*Mutter Erde*«. In ihr können Sie beginnen, Kreise zu schließen.

Mutter Erde

Stelle dir vor,

- **du sitzt an einer Quelle,**

deinen Rücken an einen großen alten Baum gelehnt. Fühlst du dich so gut geschützt, dann schließe bitte deine Augen noch einmal und erlaube dir,

- **für einen Augenblick mit dem Baum zu verschmelzen.**

Deine Füße, deine Beine werden die Wurzeln und dein Körper der Stamm. Spüre, wie dein Rückgrat mit dem Baum verschmilzt. Lasse deinen Kopf die Krone sein. Lass dich bitte spüren:

- **Deine ganze Gestalt kann mit dem Baum verschmelzen.**

Nun spüre, wie deine Wurzeln wachsen und sich ausbreiten und sich immer tiefer graben, ganz tief in

- **Mutter Erde,**

bis in ihren Mittelpunkt.

- **Spüre, wie du dadurch immer standfester wirst.**

Nun wachse auch nach oben. Stamm und Krone dehnen sich immer weiter aus bis in

- **das tiefe Himmelsblau.**

Und nun bitte ich dich: Neige dein Haupt, deine Wipfel zur Erde. Schaue auf die Schönheit dieser Welt, die deine Heimat ist. Schaue auf

- **das tiefe Blau der Ozeane,**
- **das Weiß unberührter Schneelandschaften,**
- **das satte Grün der Wälder.**

Verbeuge dich vor ihr, vor Mutter Erde, und bedanke dich:

- **Bedanke dich dafür, wie sie für dich sorgt.**
- **Bedanke dich dafür, wie viele Gefahren du unbeschadet überstandest.**
- **Bedanke dich bei all den Menschen, die dir Gutes taten.**

Du alleine weißt, wofür und bei wem du dich persönlich und ganz herzlich zu bedanken hast. Ich wünsche dir:

- **Du tust das jetzt.**

Ich wünsche Ihnen,

für jeden Tag, für jedes gute Wort, für Lob und Anerkennung, für Schutz und Liebe ganz bewusst ein »Dankeschön« zu sagen. Wir wachen morgens auf und nehmen dies hin als Selbstverständlichkeit. Wir schlafen abends ein mit der Gewissheit eines nächsten Tages. Doch insgeheim wissen wir: Was lebt, ist stets gefährdet, und nichts ist selbstverständlich. Alles, was wir ernten, muss zunächst ausgesät werden. Eine solche Saat ist Danken und sie lässt uns reiche Ernte in die Scheune fahren. Unser Leben wird reicher, gewinnt an Leuchtkraft, danken wir für ein gutes Gespräch, für Herzenswärme, die uns ansteckt, für eine liebevoll zubereitete Mahlzeit. Danken wir für Glückssekunden, für handverlesene Stunden, für mit Freude geerntete Tage! Ein Kinderlächeln, ein Feldblumenstrauß, auch handverlesen, lässt das Gehirn vor Zufriedenheit summen. Ein unerwartetes Geschenk, eine liebevolle Umarmung, ein Kuss auf volle Lippen! Dank kann sprudeln. Das wünsche ich Ihnen!

Verwendete Literatur

Bencsik, A., (1999) Phantasiereisen zur Krankheits- und Schmerzbewältigung. 37 Anleitungen zur Erkundung innerer Räume. Stuttgart: Kreuz.

Bencsik, A., (1999) Wellness kommt von innen. Heilung durch die Macht der Phantasie. Freiburg/Br.: Herder.

Bencsik, A., (1995) Imaginative Verfahren. in Schorr, A., (Hrsg.) Handwörterbuch der Angewandten Psychologie. Bonn: Deutscher Psychologen Verlag.

Bencsik, A., (2000) Zu den inneren Orten der Kraft – Energiequellen erschließen. Freiburg/Br.: Herder.

Bencsik, A., (2002) Phantasievoll genießen – Lebensfreude im Alltag. Freiburg/Br.: Herder.

Bencsik, A., (2003) Ariadnes Schwestern – Mit antiken Frauengestalten den eigenen Lebensweg verstehen. München: Kösel.

Bencsik, A., (2004) Aufwind für die Seele – Mit Phantasiereisen Zuversicht gewinnen. München: Claudius.

Giesen, T., (1996) Leben ist lieben. 80 Kolumnen. Stuttgart: Radius.

Giesen, T., (1994) Ich kann von Glück sagen. 30 Lockrufe. Stuttgart: Radius.

Giesen, T., (1992) Glauben heilt. Energien aus dem Glaubensbekenntnis. Stuttgart: Radius.

Nettling, A., (2004) Kleine philosophische Lebenskunst. Freiburg/Br.: Herder.

Wolff, U., (2002) Geheimnisvoll wie die Muschel oder Staunen über den inneren Reichtum. Freiburg/Br.: Herder.